恵泉
梨花

―日韓・女子大学の新たな挑戦

恵泉女学園大学学長 大日向雅美／梨花女子大学校総長 金恵淑 編
金恩實 他著

梨の木舎

恵泉×梨花＝日韓・女子大学の新たな挑戦

恵泉女学園大学学長
大日向雅美
梨花女子大学校総長
金恵淑　編
金恩實　他著

目次

発刊にあたって

恵泉女学園大学学長
大日向雅美

本書は「恵泉女学園大学と梨花女子大学との協定締結記念　日韓国際シンポジウム」（二〇一八年一〇月二〇日開催）を記念して、これまで二年間にわたって開催してきた両大学の国際シンポジウムの歩みをまとめたものです。

まず、はじめに本書の巻頭にメッセージをお寄せくださいました梨花女子大学金恵淑総長、ならびにこれまでのシンポジウムに大変なご尽力をくださいました金恩實教授はじめ梨花女子大学の皆様、そして、シンポジウムにご登壇くださいました関係の皆々様に深く感謝申し上げます。

さて、今回のシンポジウム「女性活躍の時代の新しいリーダーシップとは」は、過去三回のシンポジウムにおいて、これからの時代の女性の生き方を考え、その女性を社会に送り出す女子大学としての役割を議論してきたことの集大成と言ってもよいかと思います。

昨今、日本社会は女性活躍が少子高齢化社会の諸課題を解決する一つのキーワードとして喧伝されています。数年前から政府が掲げてきた「２０２０３０運動（二〇二〇年までに社会のあらゆる分野において指導的地位に占める女性の割合を３０％にするという運動）」も人々の間にかなり周知されるようになり、二〇一五年には女性活躍推進法も成立しております。そうしたなか、メディア等では華やかに活躍する女性の姿が頻繁にとりあげられるようになってきました。

こうした社会の動きはもちろん歓迎すべきものですし、この流れがとどまることなく推進されることを強く願うものです。

しかし、はたして本当に日本社会は女性が活躍できる社会になったと言えるのでしょうか。女性活躍ブームの中で、女性が置かれている現状の厳しさは依然として変わっていないことが、ややもすると忘れられがちなことが懸念されます。

足元をしっかり見つめてみたいと思います。女性が直面している生きづらさが山積しているだけでなく、その裏にはただ女性だけの問題ではなく、社会全体の歪みが潜在していることも直視しなければならないと思います。

さらに世界に目を転じれば、平和が脅かされる危機はさらに強まる一方、近未来には未曽有の社会変動も想定されています。

こうして女性活躍は道半ばであり、一方でだれもが弱者となりうる社会状況にあって、真に女性が活躍できるために何が必要なのかを考えたい。それが女子高等教育機関である女子大学の最大の使命であると私は考えております。

換言すれば、こうした時代であればこそ、近未来は視点を転ずれば、社会を変えるチャンスであり、女性が真の力を発揮して活躍できる時を間近に迎えていると考えることができるのであり、そこに着目した女子教育が不可欠と考えます。

決して一直線とは言えない困難な人生を余儀なくされてきた女性であればこそ、いつどこにあっても「しなやかに強靭に」生きる力を芽生えさせるチャンスなのです。

そのために現状を冷静に把握分析できる知識・技能・理解力と課題解決に立ち向かう志向性、他の人と共に生きる協調性を大切にする教育が今こそ求められているのであり、それは〝生涯にわたって生きる目標を見失わず、自分を磨き続け、身近な人、地域・社会と共に生き、尽くす人となる力〟、すなわち「生涯就業力」だと考えております。

恵泉女学園大学は、この「生涯就業力」を「聖書」「国際」「園芸」の学びを基礎として学生たちが学び、磨くことに注力しておりますが、それは平和に尽くす自立した女性の育成をめざして一九二九年に恵泉女学園を創立した河井道の理念の踏襲に他なりません。河井は「汝の光を輝かせ」とも言っております。これは自分だけが輝くのではなく、他者を大切に、周囲の方々がその人らしく輝けることに尽くせる光となれという意味です。

この「生涯就業力」の育成は、単に日本女性の課題のみならず、これからの激変の時代を切り開く女性たち、とりわけ日本と類似した環境に生きる東アジアの女性たちにも共通すべきものと考えておりましたが、大変嬉しいことに過去三回のシンポジウムを積み重ねる中で、梨花女子大学と女子教育としてのこの理念の共有を確かめられたことです。

梨花女子大学はこれまで世界にあまたの女性リーダーを送ってこられた一三〇年の歴史を有する女子大学ですが、そのリーダー像をこれまでの男性中心原理の中で生き抜く競争的リーダーではなく、分かち合いのリーダーへと転換されているということです。まさに恵泉女学園大学の「生涯就業力」と相通じるものがあります。世界屈指の梨花女子大学からみて「小さいけれど、とても強い大学」との言葉を贈られての今回の協定締結の運びですが、規模の大小を越えて、女性が生きる道筋が社会の平和に貢献することを目指すことにおいては大いなる共通点があると言えましょう。

一〇月二〇日開催のシンポジウムが、社会に根強くはびこる女子大不要論をかき消して、今こそ女性が真に活躍し、社会に貢献できる力を育成する場として女子大学の意義を世の中に広く訴えるものになることを期待して、これまでの記録をここにお届けいたします。

発刊にあたって

梨花女子大学校総長
金 恵淑

『恵泉×梨花＝日韓・女子大学の新たな挑戦』が出版されたことをお祝いし、大変嬉しく存じます。本書は、梨花女子大学校と恵泉女学園大学が去る２０１６年から3回にわたって開催してきた国際シンポジウム『女性の生涯就業力と女子大学の新しい役割』において行われた学術発表と記録などを盛り込んでいます。

現代は、世界市場の登場、情報社会への移行、第4次産業革命と呼ばれている科学技術の発達などによって、大学と教育の概念が急激に変化している時代です。このような変化は、女子大学にもそれにふさわしい変化を要求しています。さらに、女性の教育機会の拡大、ジェンダー概念の変化によって女子大学は、女性教育に対する使命感および女子大学の存在理由を再定義しなければならないという挑戦に直面しています。

女子大学における教育は、単純な女性専門教育ではなく、女性のための女性教育でなくてはならないと信じます。女性のためのフェミニズム的覚醒によってなされる教育であり、女性の欲求に焦点を合わせた教育として女性に特化して設計された教育にならなくてはなりません。このような観点から、梨花女子大学校と同じくキリスト教精神にもとづき1929年に設立された恵泉女学園大学が、キリスト教学、平和学、園芸学などの3つの分野にその教育の基礎と核心をおいていることは、特に意味あることだといえるでしょう。キリスト教学、平和学、園芸学は、全て人間の生き方と関連しているものとして、高度に機械化されていく社会の中で自分を見失わないための「全人教育」の根幹をなす重要な要素であります。

全人教育が全体的、あるいは全般的、包括的な意味において人間形成の教育であるとしたら、このような時代だからこそ、よりいっそう全人教育に関心を持たなければなりません。なぜなら、高度の専門化と技術発展の究極の目的は、人間が生きていく上での満足と幸福であり、人間存在の向上であるからです。現代の女子大学の重要な使命の一つが、「女性の人間化と全人性確保」という点で、梨花女子大学校と恵泉女学園大学は多くの共通点をもっているということができます。

女性の人間化を目的とする女性中心の学問と教育のために、梨花と恵泉において3年にわたって開催された国際シンポジウムのこのような女子大学間の学術連帯は、さらに拡大されなくてはなりません。そのような研究集団あるいは知性共同体が形成される時にだけ、女子大学は女性的価値を中心におきながらも周辺化されることはないのです。14の単科大学と14の大学院をもった世界最大規模の女子大学として、梨花女子大学校は世界の女子大学の知性共同体および女性中心の研究集団として役割を果たしていると考えます。女子大学間の連帯が世界的次元で行われれば、その波及効果は大変大きなものであり、このような連帯の中で生み出される新しい学問パラダイムこそ、女子大学の存在理由を証明するものです。

このために、女子大学自らが努力しなければ、女性の権利の拡大と女子学生の進学率の増加に伴って女子大学は次第に自然消滅したり、微々たる存在として周辺化されていく道を必然的にたどることでしょう。本書は、このような問題意識に基づいて生まれた結実として大きな意味があります。

梨花女子大学と恵泉女学園大学の交流のために、多くの支援を惜しまれなかった大日向雅美恵泉女学園大学学長をはじめとして２０１６年から梨花×恵泉国際シンポジウムを開催し本書の出版のためにご尽力された方々に深く感謝申し上げます。本書が梨花と恵泉、そしてより多くの世界の女子大学の連帯の礎石になることを希望いたします。

恵泉×梨花

いま、女子大学生に必要な高等教育を考える（2018年）

基調講演

今、あらためて考える女子大学の意義と使命

大日向雅美

いま日本社会は急速な少子化の進行に伴い、近々、18歳人口の大幅な減少が見込まれています。どちらの大学も入学者確保という点で大きな危機に直面いたしますが、中でも女子大学の危機は非常に大きいものがあると言われています。その一つとして、女子大不要論の声が強まっています。「もうこれだけ男女平等が行き渡っているではないか」「女性活躍のための制度も随分と整備され、現に女性たちは随分と活躍している。もはや女子大の存在意義はないのではないか」と。

しかし、本当にそうでしょうか。果たして日本の女性はそれほどに活躍をしているでしょうか。女性が置かれている現状をもっとしっかり見つめる必要があると私は思います。女性活躍が声高に叫ばれ、たしかに華やかに活躍する女性たちの姿がメディア等に多く登場はしています。しかし、それが本当に女性活躍の姿なのか。さらに言えば、華やかな女性活躍の裏で、どれだけ多くの女性たちが依然として思い通りにならない人生

を余儀なくされているのか、その現実を正確に見る必要があります。そうして、現実を直視すれば、改めていまこそ女子大学が女性の高等教育機関としての役割を果たすべき時であると考えます。つまり、これからの時代にふさわしい本当の女性活躍のあり方、社会や地域の新しいリーダーとなる女性活躍像を提起し、その育成に注力すべきだと考えます。

新しい女性リーダー像の提起にむけて

それでは、いま申しましたことを、いくつかのデータ・数値で見てみたいと思います。まず、世界経済フォーラムが発表したジェンダーギャップ指数ですが、日本は世界144カ国の中で111番目です。ちなみに韓国は116番と聞いています。両国とも男女の格差が非常に大きい国と言って良いかと思います。次に「83・2％vs5・14％」。これは育児休業取得率の男女比です。女性は83・2％取得していますが、男性の取得率はわずか5・14％。これでも過去最高と言われています。そして、「3時間45分vs49分」。6歳未満の子を持つ妻と夫の一日の家事育児時間です。世間で言われているイクメン現象はまだ一部の現象に過ぎないと言えるかと思います。これで女性は働けるでしょうか？　次の数値「46・9％」。これは第1子出産後に退職している女性の割合です。依然として働き続けられない人が半数近くいるということです。最後に「57％」。貧困格差が深刻な問題と言われている昨今ですが、単身女性の3人に1人が貧困で、中でも母子世帯の57％が貧困に苦しんでいます。

一方、私は女性のライフスタイル等を対象としたフィールド調査も繰り返していますが、女性たちの声は悲惨です。「社会は女性活躍、女性活躍と言うけれども、本当に活躍したいと思っても無理。私は幸せになりたくて結婚し、幸せになりたくて子供を産んだ。当然、大学で学んだことも生かして働き続けたかった。でも、仕事も家庭・子育ても、両方をやろうとすると、まるで罰ゲームを受けているみたい」と嘆いた若い女性の声が忘れられません。

日本女性の活躍というと、よく引き合いに出されるのが、年齢階級別労働力率が20代から40代にかけて、育児や介護等で凹む、いわゆるM字型です。近年は随分とM字の底が上がってきて、この点でも女性問題は減少しているという説があります。でも、欧米に比べると依然として、やはりM字型です。韓国もそうだと思います。

しかも、私はM字型の底の上がり型だけを見ていてはいけないと思います。むしろ、働き方の内実です。男性に比べて女性の正規雇用は非常に少ないのが現状です。底が上がり、あるいは40代以降の労働力率が上がってきているといっても、その多くが非正規雇用なのです。ですから女性は高齢期になると単独世帯の貧困率が、かなり深刻になっています。

こうした日本の女性がいまだに直面している困難は、いったいどこから来ているのか、それは政策の失敗だと指摘されています。70年代、欧米社会も若者の人口が減り、不況に直面しましたが、いち早く女性が活躍できることを政策の基本とし、子育て、介護の社会化を図りました。しかし、日本は真逆の政策をとったのです。「日本型福祉社会論」のもと「家庭基盤充実構想」を打ち出し、家事全般に子育てや介護を女性の役割とする性別役割分業を強化したのです。このときの政策の歪みがいま、未曽有の少子高齢化社会突入をもたらしていると言えましょう。そして、それがさらに社会保障破綻という危機を迎えています。性別役割分業社会を前提とした1970年代型社会保障から、ようやく21世紀型の新しい社会保障モデルが打ち出され、全世代で、老若男女共同参画で、未来の社会を支えよう、それを若い世代や子育ての支援につなげようという構想を政府が懸命に検討しはじめています。しかし、現場で実際にとられている女性活躍政策はもっぱら経済政策が中心ですし、ジェンダー意識も依然として社会の隅々に色濃く残っています。

こうした中、数年前から政府は「202030」運動を展開しています。2020年までに社会のあらゆる分野で指導的な立場に立つ女性の割合を30%まで増やそうということです。たしかに女性がまだまだ活躍できていない分野がほとんどですので、これは必要なことです。そのために2015年には女性活躍推推進法が成立し、また子育てを社会全体で応援する子ども・子育て支援新制度もスタートしています。

私は「202030」運動の意義は十分に認めますが、しかし、それだけで果たしていいのか、言葉を換えれば、今、女性活躍という言葉で目指されているものを、この運動に代表される視点だけで語っていいのかという点に大いに疑問を感じるのです。これまでの女性活躍は男性中心に築かれた競争社会に女性が適応することを求めていることであって、これからの時代に求められる女性活躍はそうではないものを目指すべきなのではないかということなのです。

社会変化に対応できる提言を

いま、社会はいろいろな面で変化が進んでいますが、経営学者のピーター・ドラッカーによれば、近未来はこれまで予想しなかったような未曽有の変化に見舞われる、とくに労働市場の変化は劇的なものが起こるということです。つまり会社や事業の寿命は個人の労働可能寿命よりも短くなり、したがって人は一生同じ場所で働けるということが少なくなるということです。幾度も転職の必要に迫られ、その都度、いくつもの異なる分野で異なる能力の発揮が求められたり、職務遂行に必要な特定の知識、技能を常に追加習得することが求められたりするということです。

これは社会の大きなピンチです。このピンチは男女共に訪れます。しかし、これは女性にとって大きなチャンスでもあると私は考えます。そして、女性がそのチャンスをうまく生かすことができれば、社会をより良い方向に変えるチャンスになると思います。なぜならこれまで女性は一直線の人生を保証されることはありませんでした。折角、就職しても、結婚や子育て、介護等で、常に人生設計の変更を求められ、生き方に紆余曲折を余儀なくされてきました。それが初めに申し上げた数値にもあらわれているところです。でも、そうであればこそ、しなやかにしたたかに（強かに）生きる力を女性は身に付けることができるのではないでしょうか。

具体的には「何があっても、いつどこにあっても、常に自分らしい目標と希望を失わず、しなやかに凛として生きる力」です。そして、そのために学び続けることが必要です。「基礎的な知識・理解・技能」と「現状を把握し、たくましく解決し続ける力」、そして「他者と共に歩み、共に生きていける力」を養うことが大切だと考えます。とりわけ「他者と共に歩み共に生きていく」、これこそが社会をより良く変える道であると考えます。

政府が推奨している「２０２０３０」運動、社会の中枢でキャスティングボードを握る女性を増やす運動も必要だと思います。でも、男性社会に女性が適応することを目指すものであってはならないと私は考えます。そうではない、新しい女性リーダー像が必要なのです。

それがいま、恵泉女学園大学が推進している恵泉ブランド「生涯就業力」です。先ほども申しましたが、生涯にわたって自分らしく生きる目標を見失わず、自分を磨き続ける力を養うこと。そして、それが身近な大切な方、地域や社会に尽くすことになることに喜びを覚えること。そのための知識、理解、技能をしっかり身につけ、環境の変化に柔軟に対応しながら課題を見出し解決し続ける力を養うこと。しかも、それを周囲の方と共に生きる力とすることです。これを恵泉は「生涯就業力」と掲げ、その育成にいま全力であたっています。

一直線でない人生を生きてきた女性ゆえの強みを学びの中で生かすためには、女子大学という環境が必要です。依然としてジェンダーバイアスが人々の意識や社会の隅々に根強く残っている中で、女性固有の視点をベースとし、何の遠慮もためらいもなく学び、課題解決のための知識、技術、感性を磨ける場としての女子大学の意義は、いまこそ大きいと私は考えております。

戦争は、女性が世界情勢に関心を持つまでやまない――河井道

そのための学びとして、本学は「聖書」「国際」「園芸」を基本としていることも大きな特徴です。聖書が教える普遍的な愛を人づくりの基本として、自分を愛するように他の人を尊重する心を「聖書」に。アジアや欧米の各地に出向き、価値観や生活習慣・文化の違いを体験して、偏見や差別に立ち向かう力を「国際」に。土に親しみ、植物を育て、いのちと自然を慈しむ心を「園芸」に学んでいます。

聖書・国際・園芸の学びを通して女性としての生き方の基礎を築き「生涯就業力」を身につけさせる教育は、１９２９年に恵泉女学園を創立した河井道先生の「平和の構築に貢献する自立した女性を育成する」という教育理念の踏襲であり、それをいまの、そして、これからの時代に生きる女性の活躍のあり方として新たに編み出したものです。

河井先生は21歳で新渡戸稲造の勧めで渡米し、ブリンマー女子大学で学び、第一次世界大戦後の激動のヨーロッパ、アメリカの悲惨な姿を目の当たりにして平和の大切さを痛感しました。「戦争は女性が世界情勢に関心を持つまで決してやまないだろう。それなら若い人たち、それも少女の教育、女性の教育から始めなくてはいけない」と願った河井の平和教育への理念を、いま私どもは「生涯就業力」として掲げ、この力を磨いた女性が活躍することこそが社会をより良く変えていく女性リーダー像に他ならないと確信しているところです。男性社会に媚びるわけでも、男性社会の基準に従順になるのでもない。女性が女性固有の生き方を女子大という環境の中で見いだせる教育です。平和がいまこそ求められている時代に、恵泉ブランド「生涯就業力」を掲げて、女子教育に注力していきたいと思います。女性が、つねにしなやかに、したたかに（強かに）活躍できる社会を願っています。

ちょうどいただいた時間がまいりましたので、ここまでとさせていただきます。ありがとうございました。

●学長ブログ

ノーベル平和賞受賞 川崎哲先生を応援しよう

（2017年10月30日）

10月18日の水曜日2現のこと。卒論演習の授業をしていたら、向かいの部屋から何やら大きな拍手と歓声が聞こえてきました。何をしているのかとのぞいてみたら、なんとこの度、ノーベル平和賞を受賞した「核兵器廃絶国際キャンペーン（ICAN）で国際運営委員を務める川崎哲先生のお祝い会がスタートしたところでした。

お祝い会といっても、院生手作りの会。ホワイトボードにハンドメイドのメッセージとお菓子と花束。ささやかだけど院生たちの心のこもった、いかにも恵泉らしいお祝い会でした。私も少しだけ飛び入りで参加して、写真を撮って頂きました。

水曜日、川崎先生は大学院で「グローバルガバナンス論」（核兵器のない世界を具体的に想像する）を担当しています。まさに、この度のノーベル平和賞受賞に関連した講義です。

発起人の上村先生のメッセージです。

「川崎先生のメディア向けのメッセージにもあるように、今回の受賞の真の貢献者は、ＩＣＡＮもさることながら、自らの体験を世界に発信された被爆者の方たちです。そのため、12月10日にオスロの市庁舎でおこなわれるノーベル平和賞の授賞式にはできるだけ多くの被爆者に参加して欲しいと川崎先生は希望しておられます。しかし、この参加に関する交通費や滞在費は工面のめどがありません。

そこで、「ノーベル平和賞の授賞式に川崎先生とともに被爆者を送る恵泉キャンペーン（仮称）」を立ち上げ、募金活動をしたいと思います。ボランティアの団体ですが、私が実行委員長を務め、高橋先生（国際社会学科）が副委員長を務めます。また、学生や院生の何人かが動いてくれます。

なお、ＩＣＡＮは、１００カ国以上の約５００近いＮＧＯの連合体で、川崎先生はその中で10名といわれるＩＣＡＮの国際委員に選ばれ、活動しておられる方です。

連合団体のひとつに「平和首長会議」（Mayers for Peace）というＮＧＯがあり、１９８２年に広島市長・長崎市長を中心に結成されました。多摩市も２０１０年以来、このＮＧＯのメンバーです。

多摩市長（阿部市長）も、広く考えれば２０１０年度ノーベル平和賞の受賞者の一人といえます。川崎先生の応援の輪を多摩の近隣地域にも広げていけないかと検討中です。

詳細は追ってご連絡いたします。

●学長ブログ

ノーベル平和賞募金の報告

（2017年12月18日）

12月10日、今年のノーベル平和賞授賞式がノルウェーのオスロで開かれました。受賞団体・核兵器廃絶国際キャンペーン（ICAN）の国際運営委員の一人が本学講師の川崎哲先生です。〃今回の受賞の真の貢献者は、自らの体験を世界に発信し続けてきた広島・長崎の被爆者の方たち。授賞式にはできるだけ多くの被爆者に参加して欲しい〃との川崎先生の希望を受けて、募金キャンペーンを始めたことは10月30日のこのブログで書かせていただきました。

当初の目標金額は120万円。広島・長崎のお二人の被爆者とお世話をする方（被爆者の方が高齢のため）の渡航費でした。募集期間は11月1日から30日までのわずか一か月。目標金額に達しなかったらどうしようかと正直不安でした。

ところが、11月末の閉め切りで報告を受けた金額は、なんと5、513、229円！全国から多くの方にご賛同いただけたことに、心から感謝申し上げます。

授賞式の模様と募金の使途についての説明会が来年1月24日、募金キャンペーンにご協力いただいた多摩市長を迎えて開催される予定です。詳細はまた大学のＨＰでご案内いたします。

すでに大学のＨＰで報告が行われていますが、12月6日にプレスの方々にもお集まりいただき、川崎先生に贈呈式を行いました。

さて、5、513、229円。私たちにとって、当初の予想をはるかに超える金額の大きさに驚くと同時に、私は端数に格別の思いを抱きました。

3、229円。ここには大切なお小遣いを寄付してくれた若い人たちの思いが込められているのです。（佼成学園女子高校・山脇学園女子高校・恵泉高校の生徒の皆さん、ありがとうございます！）

同時にこの募金に動いた恵泉の学生たちの働きを思わざるを得ません。

川崎先生の授業を受けていた院生たちが、ＩＣＡＮの受賞の報せを知り、先生の想いを受けて、いち早く動いたのです。手作りの募金箱を抱いて、恵泉祭（11月4日、5日）の来場者に訴え、多摩センター駅の路上に立ってくれました。彼女たちの声に足を止め、チラシを受け取ってくれた人々の中に、〝今、これしかないけれど、いいですか？〟とお財布を開いて投じてくれた中高校生たちがいたとのことです。

募金キャンペーン開始時のプレス発表会で、私はある新聞記者から次のような質問を受けました。

「アカデミズムの研究者を束ねる大学の学長として、今回、同僚の川崎先生のノーベル平和賞受賞をどう思いますか？」

ほかのノーベル賞受賞を祝した会見では、受賞者が大学関係者である場合には、当該学長が〝本学の名を高める誉である〟と答えるのが通例のようですが、私は次のように答えました。

恵泉は１９２９年、平和な社会の構築に尽くす女性の育成を願って、一人のキリスト者・河井道先生が創立した学び舎であり、以来学園として88年、大学は30年近くその理念を女子教育に結集してきました。とりわけ大学では国際の学びを通して、その理念を学問的に深める取組に注力しています。しかし、恵泉女学園大学の教育は単なるアカデミズムではない。学生たちは日本国内はもとよりアジアや欧米各地に出向き、人々と暮らしを共にしつつ異なる歴史と文化への理解・関心を、実体験を通して育む地道な実践を大切にしています。今回の川崎先生をはじめとしたＩＣＡＮへの支援にいち早く動いたのも学生たちです。被爆者の声を支え続けた世界各地のＮＧＯとのつながりを日頃から大切にしている本学の教職員の熱い思いと学生たちとの連携が今日を迎える基盤となっています。

まさにこの言葉を裏付けてくれた院生たちの働きでした。彼女たちの声と手作りの募金箱を紹介いたします。
○空襲体験をしたので、と大学まで届けて下さった方、長崎旅行で

記念館を見学し、自分にできることがないかと思っていたという友人もいました。みなさんの想いが繋がった一か月でした。各地を精力的に回る川崎先生の健康が心配なこの頃です。

高屋恵津子

○今回のノーベル平和賞を機に、核兵器廃絶への理解と支持が日本の市民社会に広がってほしいと願います。中でもヒバクシャの方々が未来世代のために、その一生をかけて核兵器禁止条約の採択まで漕ぎ着けてくれたことを思うと、深い敬意を感じずにはいられません。私と同世代の方や、より若い世代の方たちにもこのことを知ってほしいと思いました。

日比野千佳

○核兵器のない世界をつくりたいという同じ志を持った全国の皆さんの想いが実を結び、キャンペーンの目的を果たすことができました。この取り組みを通して、希望を持ち続けること、あきらめずに行動することの大切さを学ぶことができました。

上垣路得

○恵泉の平和学専攻の院生としてオスロキャンペーンに参加できたこと、本当に得難い経験でした。目標額を大幅に超えたことに日本人の良心を感じました。また、恵泉の素敵な仲間との連帯感も私にとって大きな財産になりました。ありがとう！みなさん!!

佐相洋子

最後に、12月6日の贈呈式で川崎先生が言われた言葉をご紹介します。

今回のカンパがこれだけ集まったことをあわせて考えますと、よく日本は核兵器禁止条約に参加していないと言われるけれど、それは違う。核兵器禁止のプロセスに参加しているんです。ＮＧＯもこのプロセスを大事だと思って、これまで禁止条約の交渉過程にも参加してきましたが、今回のカンパでもこれだけの日本人、市民社会が参加してくれた。今回の平和賞受賞を日本の市民社会全体で祝って、全体で送り出してくれる、全体で参加しているということだと思う。それだけこの核兵器の禁止と廃絶に対して、強い思いと支持が日本全体にあるということを改めて実感し、活動をしている者として励みになります。

今回のノーベル平和賞授賞式は、単にお疲れ様でした、賞を得て良かったではなくて、この勢いをさらにここから次の段階にスタートさせて、これをキックオフとして、本当にここから核兵器をなくしていくという、そのことを応援したいという思いで皆様がお金を寄せて下さったことを、改めてかみしめています。

被爆者の方々が70年に及んで上げ続けていらした声、その声に真摯に耳を傾け、共に歩もうとした人々の輪のひろがり……。

平和を祈念する人間の精神の強靭さと真の優しさを称えた賞でしたが、そのことに思いを同じくする人々が、今の日本にこれほど多くいることを心から嬉しく、幸せに思います。

ジェンダー平等と女子大学の未来

金恩實

私は恵泉を訪問するたびに恵泉の教育内容の仕組みに大変驚いています。実は恵泉で皆さんによって勉強をさせていただいた園芸、生活園芸、社会園芸という言葉を聞いて驚きました。これが恵泉の重要なキーワードでもあり、きょうの大日向学長の基調メッセージにもありましたけれども、やはり恵泉という空間がつくっていくこの内容は、ただ学校に留まらず社会の平和、そしてコミュニティの改革につながっていることもあらためて思うようになりました。

先ほど大日向学長の説明の中でジェンダーギャップについて、世界の中で、韓国と日本のレベルが非常に低いという表を見せていただきました。韓国と日本は驚くほど似ていて、社会的に女性の地位が低い現状があります。

私が今日取り上げている、ジェンダー平等、そして女子大学で行われる教育のあり方、これは恵泉だけではなく日韓の女子大学すべてが取り組むべきテーマだと思っています。

ジェンダー平等、そして女子大学の未来というテーマで少し説明します。

どういう大学を目指すのか

まず大学とは何でしょうか。私たちは大学教育の目標は、まずどういう人材、どういう市民を育成するかだと思います。そして、私たちがどういう未来を迎えるのか。その未来のあり方は、私たちが大学で学生に提供し共有している価値、どういう時代思想を共有するのかということにかかっていると思います。

女子の高等機関である女子大学で、現在、どういう知識あるいはどういう価値観を教えているのかということは、未来とリンクされています。このように女子大学の高等教育のあり方を理解する一つの事例として、韓国梨花女子大学の例をお話します。

梨花学堂の設立と解放（１９４５）まで

梨花女子大学は１８８６年、梨花学堂という女性教育機関として始まりました。当時は女性はほとんど教育を受けない時代だったので、教育を授ける女性を育成することを目的としました。そして韓国において、梨花から初めて近代教育を受けた女性が社会に出ました。初めは教育者養成、その後さまざまな分野の女性教育になったわけです。そのような時代に教育を受けた女性は専門家として見られるようになり、その女性専門家が大勢輩出されるようになると、まさにスーパーウーマンのような女性がさまざまな分野に出ていったわけです。

しかし、実際に人間にとってスーパーウーマンになることはできません。スーパーウーマンになるためには、多くの女性たちが苦しみながら自己開発で成功しなければいけない現実があります。いまは普通に女子大学に入ることもできます。教育を受ける女性が多く、しかしいまでは想像もできないと思いますが、1900年代、1950年、あるいは60年代でも実際に大学まで入って教育を受けた女性を探すのは、それほど簡単ではありませんでした。

しかし、この教育を受けた女性にとって、社会と家庭は幸せな場所ではありませんでした。公共領域においては女性は男性と一緒に競争して、男性と同じ扱いをされるために頑張った。しかし、家に戻ると女性性を発揮しながら、普通の女性として働かざるを得ない現実がありました。

1970年代になると世界的にフェミニズムと言われる女性主義運動が起こりました。これは日本と韓国でも共通点があったと思いますが、女性にとって近代化とは、社会で男性と競争し家庭の中では女性性が強いられる。まさに女性として生きるということに、いったいどういう意味があるのかをお互いに問い正す時代を迎えました。

先ほど説明した中で1886年、梨花学堂が始まった時代から、皆さんもご存じだと思いますが、1910年から45年の間には日本の植民地支配の35年間がありました。この時期に日本の当局は女子大学設立を認めなかったので、短期大学レベルの教育機関しかありませんでした。45年8月以降、韓国で初めて女子大学としてスタートしたわけです。終戦のあとに3年間の痛みを経て48年になってようやく韓国政府が樹立されました。梨花女子大学は46年をもってスタートし、75年の間に韓国で総合大学として変遷してきました。韓国政府が樹立されて第一号で大学認可を受けた梨花女子大学は、75年の間に韓国社会のさまざまなところに女性を進出させるため女性専門家を育成するのが教育の目標でありました。

しかし、専門家を輩出したとしても公共領域において女性がリーダーになるのは難しく、また社会的にはスーパーウーマンになること自体は不可能な情況でした。１９７５年になりますと、まさにこのスーパーウーマンという考え方自体が世界的フェミニズムの影響から見ると、これこそ女性を抑圧しているという、女性の生き方に関して根本的な転換が強いられたわけです。この１９７５年は国連で「国際女性の日」が制定された年でもあります。この「国際女性の日」の影響もあり、77年に梨花女子大学で初めて「女性学」という科目を開設しました。韓国では梨花女子大学に女性学が開設されて以来、女子大学の教育のあり方、社会に輩出する女性像も変わっていきました。

女性学でさまざまな講義を開講しながら、大学の学問のあり方、そしてカリキュラム、価値観も変わっていきました。社会的な公共領域において男性と競争してリーダーになる意味は何かと問い、女性を育ててきた方法に対して自己反省をしながら、男性と一緒に頑張ること、あるいは男性と競争すること、男性に負けないないために女性が何かを犠牲にすること、それ自体が多くの女性に対して差別意識を自ら生み出していることを悟るようになりました。そして梨花女子大学は女性が社会で競争して結果を出すという発想自体に関して、根本的な問題提起をしたわけです。これは梨花女子大学だけの課題ではなく、まさに女子大学を持っていたさまざまな国で1970年代を迎えて、女子大学のあり方が初めて問われた時代の課題であったと思います。

女性教育の変化にどう向き合うのか

1970年代に梨花女子大学校が直面した課題から、現在女子大学が直面している2つのパラドックス（逆説）、ということを説明します。2000年代、新しいミレニアムだと言われた時代においても、今後新しい千年を迎えて女子大学はどういう教育方針を目指していくべきなのかが問われました。「社会に就職しろ」「男性並みに頑張ろう」こういう教育のあり方が新しい千年にふさわしいのか。梨花女子大学が2000年代に再び問われた女子大学のあり方。まさにこれが、2つのパラドックスとリンクしています。

2000年代に主に議論になっていたことは、これからどういう方法で新しい教育を考えていくのかということでした。よく言われた方法としては、私たちが外れてしまった教育の仕組みに、私たちがもう一度入ること。そして、もう一つは、私たちが新しい土俵をこれからつくっていくこと。この2つの方法で、教育を考えることはできたと思います。しかし、この近代教育あるいは新しい千年の未来の教育に関する総括的な検討をすることなしには、教育を再生すること、あるいは新しい土俵づくりに取り組むことは非常に難しい課題であったことも実感しました。

先ほど大日向学長が「生涯就業力」という課題を打ち出されていました。この理念こそ新しい土俵づくりと、教育の再生になっているのではないでしょうか。非常に融合的な、かつ適切な言葉だと思います。

第1のパラドックス

1970年代、梨花女子大学あるいは女子大学のあり方が問われた時代に、梨花女子大学に金活蘭（1899〜1970／キム・ファルラン）という初の女性総長がいました。当時、韓国の国会でさまざまな女子大学の政策を提案したところ、国会議員たちから男女共学にしたほうがいいのではないかと言われたときに、この金活蘭総長は、韓国社会で国会議員の50％が女性になったら、初めて男女共学を考えてみると答えたそうです。実際、国会議員はまだ50％にはならないのですが、大学入学者の50％を女性が占めるという時代にはなりました。そして、大学に入るのに女性・男性の区別があまり意味のない時代を迎えることにもなりました。

そこで、性別に関係なく大学に入学し、女性が大学で学ぶことにそれほど障害がない時代になったにもかかわらず、なぜ女子大学があるのかという問題に直面するわけです。

皆さんが恵泉女学園大学という女子大学を選択したときに、家族あるいは周りからどういうことを言われたかは私は分かりませんが、たぶん多くの人々が「男女共学へ行きなさい」「女子大学のメリットは何だろう」というような質問を受けていたのではないかと思います。

まず、ここで説明する第一のパラドックス、逆説とは、われわれが男女の区別なく大学に入る時代になったこの時代に、女子大学の存在が問われる、という第一の矛盾に直面したことを意味します。

この質問に女性フェミニスト研究者たちが次のような答えをしていました。男女の比率は50%になった、しかしこれが本当に平等だと言えるのか。平等の意味は何だろう。数値の上では平等だとしても、女性は政治的、文化的、イデオロギー的に排除、差別されていて、実はこの差別の基本構造の中には、歴史的、文化的、イデオロギー的なさまざまな理由がある。数値の上での平等ではなく、実質的に平等な関係になるための制度的、政治的、社会的な構造をつくることが必要であり、それが実現した時、初めて男女平等な社会といえる。女子大学は男女が実質的な平等関係になるための教育機関として必要なのだ——それが当時の女性フェミニストたちの答えでありました。

1970年代に、このような女子大学をめぐる新たな岐路の中で、梨花は女子大学に「女性学」を設置し、女性学研究所をつくり、女性の実質的な平等をつくるための仕組みを教育カリキュラムとして入れたわけです。梨花女子大学はそれまで男性だけが学んでいた工科、理系大学、医科大学、法科大学の学部を、あらためて設置しました。そして国の政策にも介入し、女性の実質的な平等を導く政策を引き出し、男女共学の大学にも、女性、女子学生のための政策を要求して改善してきました。

この男女共学時代に与えられた役割として、女子大学は女性の社会的な平等のための政策のモデルとしてもっと発展すべきであり、女子大学のそのような政策が、男女共学や社会のあり方を決めると認識していました。

第2のパラドックス

しかし、このような新たな挑戦にも、まだ考えられなかった第二のパラドックス、逆説に直面するようになりました。女子大学がさまざまな政策を創り出し、男女共学の大学にも実際に女子大学並みの平等な制度を整えたことは確かです。では、男女共学の大学の政策さえ変える時代になっても、女子大学はまだ必要なのかという、次のパラドックスを問われたわけです。

韓国には現在、女性部という政府機関があり、女性政策機関がさまざまなところにあります。韓国の男性たちは、なぜいまだに女子大学を維持しているのかという質問をしてきます。不平等が改善されたことで逆に女子大学の位置が問われる問題です。これは非常に不思議な運命です。女子大学は時代が変わっても新しいアジェンダ、新たな政策を開発しなければいけない運命をもつということです。

女子大学の女子という意味は何なのか。これは生物学的にただ女性を意味するだけではありません。社会の中においてのマイノリティ、あるいは弱者、場合によっては被害者、この人々と共に闘うべき他者と考えれば、社会の中で弱者と一緒に連帯していく他者という新たな意味をもちます。

女子大学の女子が、他者、従属している者、被害を受けている者、そのような人々と連帯して、彼ら彼女らを擁護していく者であると考えてみましょう。いくら弱者が法的、制度的に地位が肯定されたとしても、その制度から排除される者は、またでてきます。このような人々が存在し続ける限り、その人々と連帯して社会を引っ張っていく哲学を作っていくことが女子大学のあり方であり、そうあるべきだということが、梨花女子大学の教育の理念として定着するようになりました。

梨花女子大学だけではなく、すべての女子大学がそれぞれの目的で、存在意義を探していると思います。モダニズム、近代化というものは、生産し権利を獲得し結果を出すことですが、このモダニズムにおいて、その結果によって弱者が生まれ、いくら「生産」の中にいたとしても差別の問題がある。差別のない新たな世界をつくるために、分かち合い、互いに共有し、価値観を新しいものに再構築していくことが、女子大学の今後のあるべき姿です。梨花女子だけではなく、ほとんどの女子大学の教育の理念として共有できるものではないでしょうか。

「分かち合いのリーダーシップ」

このようなモダニズム、あるいは結果中心の社会から疎外されている弱者との新たな価値観を共有するために、梨花女子大学では「分かち合いのリーダーシップ」という新たな価値観に基づくカリキュラムを考えるようになりました。私だけの平和、あるいは私だけの幸せだけでは社会全体の平和と幸せにつながらないという発想から、すべての教育に分かち合う教育が必要であるという問題意識があるからです。

実際、私はこのような意識を持って現在大学でも仕事をし、日本の恵泉に向けてシンポジウムをしているわけですが、きょう皆さんが「スプリングフェスティバル」の準備をしているところを1時間以上かけて回りました。さまざまなコミュニティの方々が参加し、お互いに横のコミュニティを作り、その中で実際に生きているもう一つのコミュニティが形成されている姿を見ました。私はいままで分かち合いのリーダーシップということを考え続けてきましたが、今日の恵泉の皆さんの姿の中に、この哲学、価値が生きていることを見て驚きました。すべての女子大学が、まさにそのような同じ方向性を見て、今、歩みはじめていると感じました。

梨花女子大学は現在まで136年間、女子教育を進めてきました。梨花女子大学の一番大きな資産は、いままで積み重ねてきた教育です。さらに、梨花女子大学が蓄積し、今持っている教育の資産というものをどんな形でほかの地域と分かち合い、またほかの地域と学び合えばよいのかということを考えています。最近はアジアのさまざまな女性団体と教育リンクをさせるための仕組みづくりを始めています。

そのひとつはアジア女性学センターを中心に3つの領域を持つ新たな分かち合う教育の仕組みを考えています。アジアの開発途上国の中には、教育を受けたくても受ける権利を持てない人々がいます、その人々のための奨学金をつくるプロジェクトです。アジアにはさまざまな地域に女性団体あるいは女性活動家として、社会の女性問題と直面している方々がいます。ＥＧＥＰ（Ewha Global Empowerment Program）というプログラムは、この人々と知識を共有したいというプロジェクトで、梨花が招待し、お互いに短期間の合宿プログラムを実施しています。

その中にある梨花ＫＯＩＣＡ（Ewha-KOICA）、これは日本のＪＩＣＡと同じく韓国ＫＯＩＣＡから資金援助を受け、アジアのさまざまな国の女性公務員たちを梨花女子大学校に招待し、彼らに修士学位を授けるプロジェクトです。梨花女子大学が自分の教育の資源をほかの地域、人々と分かち合う。また、ほかの地域、小さいところとのユニークな関係をお互いに共有し合い、それを新たな時代を拓く哲学としていきたい。この仕組みは、実は皆さんも知っている人がいると思いますが、ヴァージニア・ウルフ（イギリスの小説家・１８８２~１９４１）が女性のために提唱した3つのキーワードに考えるヒントがあります。

ヴァージニア・ウルフの3ギニー

ヴァージニア・ウルフが主張したこの3つの権利は、100年前に出されました。100年が過ぎたいまも現実味を失わない、私たちにとっての重要なキーワードです。先ほど大日向学長は「生涯就業力」と言われました。女性にとって生涯にわたる就業力を磨くということは、とても重要なことです。

ヴァージニア・ウルフが書いた『3ギニー』という本があります。ギニーは当時のイギリスの金貨、お金を意味します。あるジェントルマンが3ギニーを持っている人に、いま戦争がおこる直前なので、平和団体に寄付してくださいと依頼する場面から始まります。この小説の私という者は、実は「女性の視点」です。

私という者はこう言います。「実は私は性暴力を受けている者である、いくら私が平和団体にお金を寄付しても、私の性暴力問題は解決されるとは思わない」「女性が戦争によって被害を受けることになるのであれば、戦争はなぜやまないのかというような問題から考えるべきだ」だから、「戦争によって女性が被害を受けるという主張で寄付を呼び掛けるなら、私ならまずこの戦争がなぜ女性に被害を及ぼすのかと考える。それが教育できる女子大学をつくるのに1ギニーを寄付したい」と答えます。女性が反戦を主張するためには、なぜこの戦争をやってはいけないのかということを考える教育を行う機関に、まず1ギニーを寄付したいということです。

そして教育を受けた女性が平和活動をする。あるいは社会に生きるためには職業がなくてはならないので、「教育を受けた女性に職業をサポートする団体に、私は二つめのギニーを寄付したい」

女性が世界を考え、平和に貢献するためには、まず第一は考えることができる人、二番目には、自立した生活ができる職業を持つことが大事だという説明です。そして、私に残る三番目の1ギニーは、それこそ戦争防止協会に捧げたい。戦争を防ぐために、女性問題の解決のために一番重要なのは、ものを考えることを教える教育施設が重要だと訴えているのです。

私はまず女子大学は、どんな時代であれ、ものごとを考えることができる女性を育成すること。そして、その価値観がまさに未来の新しい社会をつくっていくという信念に基づいて、そのような女性が社会に自立して生きる、こういう力を持たせることこそ、女子大学の教育のあり方、あるいは存在の意義だと思っています。

男女が実質的に平等になった時代にあっても、なぜ女子大学が必要なのか。このような問題を解決していくことにおいて、最後に私たちが打ち出すべき問いとは、われわれ女性はいったいどういう世界で生きたいのかという自らへの問いかけだと思います。わたしたちの新しい世界の価値観を自ら問い合うことがまだ必要だと思います。

ですから、私たちは、この社会の未来のために、新たな人類の生き方のために女子大学の価値、存在意義を、自ら信念を持って問いながら、女子大学で共に学び一緒に頑張って生まれ変わっていきましょう。

■コメント

アジア女性との連携
——梨花グローバルエンパワーメントプログラムの経験から

李明宣

皆さんにお会いできて本当にうれしいです。恵泉は初めての訪問です。昨日から2日間、大学の中を歩きながらたくさんの先生からいろいろ話を伺いました。何よりこれほど美しいキャンパスで、そして多様性豊富なカリキュラムを持っている恵泉女学園大学というところで、梨花女子大学が20年間取り組んできたアジア女性学センターのプログラムを紹介できる、このような機会を設けていただいて本当にうれしく思っております。

金恩實所長も先ほどコメントしていましたが、アジアのさまざまな女性活動家あるいは団体の人々と一緒に共有してきたアジア女性活動家教育の取り組みと内容に関して紹介します。主に女性だけの空間の中でどういう教育効果があり、それが個人々々のエンパワーメントに、どういう力量強化につながっていくのか。その実体験を例にとりなが

写真 1- アジア女性学センターの外観

ら説明したいと思います。

アジア女性学センター

写真（1）は私がいま働いているアジア女性学センターの春夏秋冬の姿です。梨花のキャンパスの中にあります。梨花女子大学にいらっしゃる方は、遠慮せずこのセンターを訪れてください。大歓迎いたします。アジア女性学センターは22年目を迎えています。ここでは研究、出版、交流、ネットワーク、そして教育などを行っています。では私たちが取り組んでいる、このＥＧＥＰという新しいプログラムをご紹介します。

ＥＧＥＰプログラム

２０１２年から1年間に2回研修プログラムを行っています。毎回20名から25名、アフリカを含めたさまざまな地域の女性活動家が参加しています。現在までに、13期の間に、45カ国２７２名の修了者を送り出しました。この研修では2週間合宿の形で教授と参加者たちが一緒に70時間勉強します。講義、セミナー、ワークショップ、パフォーマンス、さまざまなコースがあります。主にネパール、インドネシア、バングラデシュ、パキスタンなどの方々がいるのですが、多様な幅広いアジアの人々が一緒に学んでいます。

写真 2-EGEP 修了式

修了式の写真（2）です。小さくて見えにくいですが、真ん中に私と金恩實所長が一緒にいます。セミナーでは参加者たちがプログラムを終えて、今後地域に戻りどういう活動をしたいのかプレゼンテーションします。

参加者たちは韓国のさまざまな女性問題の現場を訪れるのですが、日本軍慰安婦問題の毎週水曜日の集会にも一緒に参加しました。さまざまな援助団体や各国政府の官僚たちにも会います、ソウル市が運営する女性プラザを訪問したりします。

写真（3）の机の下に黄色いポストイットがたくさん見えると思います。2年前、ソウルのカンナムという富裕層が住む地域で、一人の女性がある男に殺されるという事件がありました。この事件は韓国社会で女性の怒りを爆発させました。「女性という理由だけで殺されるなら、私も誰でも、その被害者だ」と、多くの連帯運動がありました。一般の人々の連帯のポストイットを保存する場所に、アジアからの女性たちが、連帯して訪問した場面です。

教育はさまざまなテーマがあるのですが、主なキーワードは、まずアジアフェミニズム、まさにアジア女性たちの連帯です。それは、国境を超えるトランスナショナル女性の連帯という概念でまとめることができます。

国境を超える——トランスナショナル女性の連帯

批判を乗り越える問題意識

6カ月ぐらい前、事前準備をしている時期に、このプロジェクトに関して韓国女性団体や市民団体からいくつかの批判の声が聞かれました。「韓国が西洋的なフェミニズム、まさに西洋から援助された女性の意識をもって、アジアは遅れているという認識から、もう1度そのアジアの女性たちに西洋的なフェミニズムを輸出しようとするものではないか」という声です。

もうひとつの声は、「グローバル時代だと言われる時代に、なぜグローバルを目指さないでアジアという概念にこだわっているのか」でした。

この2つの質問と批判、「なぜアジアなのか」そして「西洋アジアフェミニズムの輸出ではないのか」。私たちは、多様なプログラムを組み、この問題に向き合っています。

男女平等の女性のイメージ、ロールモデルは西洋女性の平等主義的なところがあるかもしれません。白人女性の姿をロールモデルとしてアジアで再び、「アジアの女性は抑圧されて変化をつくれない」「主体にならない」というようなイメージの上でアジアと向き合っているのではないかという問題意識です。

ここにいらっしゃる金恩實所長も、この問題に直面してさまざまな理論をつくり出している方なのですが、このアジア女性学でEGEPプログラムを通じて、アジアの女性は遅れた、抑圧されているものではなく、アジア女性の経験、アジア女性の目でアジア女性がどういう

写真 3-
ソウル江南駅で殺害された女性の追悼キャンペーン

形で変化の主体になっていくのか、それを模索する場だという結果を見ています。

アジアフェミニズム

これを一言で言うならば、アジアフェミニズムという言葉になるかもしれません。これには、いくつかの原則があります。まず女性が変化の主体だということです。そして宗教、国境を越えてアジア女性たちが連携、連帯しあうことを意味しています。

では、このプログラムにはどんな教育的な特徴があるのでしょうか。

第一にある国の1人の女性の経験が重要だということです。この経験こそ、女性学にとって最も重要な材料、財源であるという認識です。家父長制の下に置かれている女性にとって、ある国の女性の経験というものは必ずしも1人の女性の人生だけを意味しません。その社会の抑圧構造、その社会の中の普遍的な女性の経験です。第二に、この女性たちにとってＥＧＥＰという空間は、教育のあり方として先生が学生に一方的に教えるのではなく、お互いの経験を共有し合う総合的な学び場という問題意識です。ここの学び場という教育は、ただ学生と先生が一緒に参加する参加型を意味するのではなく、さまざまな国でさまざまな経験を持っている人々、教授、学生、参加者が一緒になり、お互いの経験を多様に共有していく教育の場と

写真4-
インドで集団強姦事件に対する抗議デモ

いう意味でもあります。

3番目の教育の特徴としては参加型教育です。これはプレゼンテーションを意味するだけではありません。私はこの2日間恵泉の園芸教育、農場を見学しました。皆さんが園芸に体を動かして参加している、こういう学習のあり方こそ、まさに参加型教育の典型的な形だと思います。このEGEPのプログラムには、学問だけではなく現場の経験に基づいて新しい理論、学習効果を生み出すという特徴もあります。

きょう、皆さんのフィールド・スタディー展示室も見に行きました。現地に生きる人々の考え、生き方、また現地で行っているさまざまな運動を引き受けて日本社会とつなげていくフィールド・スタディーも、われわれが実施している教育方法です。

声を上げる女性

最後に、ここに参加した女性たちは実際にどういう声を上げていたのか。いくつかを紹介します。

暴力、差別、環境、こういうさまざまな問題もEGEPの中で重要なテーマです。DV、性的暴力、強制結婚、これらはアジアの多くの国で行われている女性に対する抑圧の現状です。家父長制の伝統による男児選好、そして女性の体、生理に対する文化的な嫌悪感、一夫多妻制、あらゆる抑圧がアジアに存在しています。

公共領域における女性の排除もアジア社会において共通しています。もちろん、戦争と紛争に巻き込まれ失われた家族を扶養したり、集団強姦をされたり、難民になっている女性の事例もあります。地域によって、その経験の差はありますが、大きく見て女性が抑圧されている構造の中で行われている問題の共通点はあります。

参加者たちが、プレゼンテーションの中で取り上げていた事例を紹介します。例えばネパールで女性の抑圧に対して女性たちが新しい社会をつくるために闘っている様子のプレゼンテーションもあります。時間の関係上、全部は説明できませんが、いくつか紹介します。

写真5-
中国での家庭暴力反対キャンペーン

写真（4）はインドで最近起きた女性に対する集団強姦事件に抗議している場面です。写真（5）は中国で家庭暴力を訴えているキャンペーンです。そして、最後の事例はカザフスタンから来た人ですが、実はインド出身の不可触賤民の人でした。アジアの人々のほとんどは農業を支えているのですが、実は抑圧されながら地域を支える人は女性です。この女性が、主体になって自立することが、社会の変化につながります。これを、アグロ（農業）フェミニズムと言えるかもしれません。私たちは、この概念に対して何度もこれはフェミニズムなのかという質問をしたのですが、彼女はアグロフェミニズムという言い方をずっとしていました。

互いのエンパワーメントを目指して

EGEPのプログラムを通して女性たちが、お互いにエンパワーメントされていく教育的な効果を確認しました。女性たちの空間には、パキスタン、西アジアなどの女性たちもいたのですが、この人々にとって、実は、これは初の外国の旅行であり、彼女たちはここに来て初めて大きな挑戦、安心する経験をしたと語りました。海外に行くこと自体は、ある地域では女性の純潔が失われるような先入観があり、暴力に耐えながらもここまできて参加したと。自分がこの女性たちと同じ空間にいることは、私にとって新しい挑戦だったと。

女性として初めてプレゼンテーションしてみた、小さい自分の表現であったけれど、自分にとっては大きな経験であり、エネルギーになっている、と。家父長制社会の中で女性が自分の声を上げることさえできない。そのように抑圧された人が、この女性たちの空間の中で新しい会話と変化のエネルギーを見つけたわけです。

実は女性運動、男女平等運動を知識として知っていても、その世界の中で私はフェミニストだとか女性主義者だとは言えない。それ自体がその社会ではタブー視されている。そういう声を、実はこの女性たちだけの空間では自分の声として発揮しているケースもあります。

2週間の短い時間ですが、この空間で初めて私は女性フェミニストである、女性運動主義者である、この安全な空間だからこそ、自分も知らなかった女性の新たなアイデンティティを自ら見つけることができたという女性たちの経験です。

女性学の本質とバタフライ効果

女性として女性学を教育している先生たちがこういう言い方をします。男女共学がある工科大学で女性学を勉強すると、そこにいる女性の学生たちは女性でありながら自分の声をアイデンティティとして主張できない女性学を学ぶ。しかし、女子大学の中で女性は自分のアイデンティティを発揮し、安全な空間の中で初めて女性としての自分の可能性を見つけていく。そういう学生たち両方を見ているという説明です。

それぞれの国の女性たちは、初めて会って2週間という短い時間ですが、自分がほかの国の女性とつながっているという経験を通して、エンパワーメントがほかの人にもエネルギーになることをお互いに考え、不思議なことですが女性であることこそまさに連帯、つながりの象徴であることを自ら確信していくのです。

最近、恵泉女学園の教育の仕組みが韓国の雑誌に載されていました。その記事には、小さくて強い大学という表現になっていました。このＥＧＥＰ、実は小さいプログラムですが、変化をつくっていく大きくて強いプログラムであると確信しています。私たちがＥＧＥＰをするときにみんなで共有している一つの言葉があります。それはバタフライ効果という言葉です。小さな蝶の羽ばたきが、大きな力になって、いつかは世界を揺るがす大きな台風になっていくのだという意味です。恵泉の皆さんが進めてきた教育、そして梨花女子大学１３６年間の蓄積の上で挑戦したＥＧＥＰ、これが結合することこそ東アジアの新しい女性学の始まりであることを確信し、私の話を終わらせていただきます。

□コメント

恵泉の授業を通じて女性学に出会いました

山川百合子

私は恵泉女学園の高校から大学に進んで、大学の一期生として卒業しました。きょうは皆さんとこうやってご一緒できますことに感謝申し上げます。

大日向先生の女性学の授業を受けたとき、最初の授業で何かコメントがあればということで学生全員に紙が配られて、私がそこに書いたことを先生が読み上げたのです。先生は覚えてらっしゃらないと思うのですけれども、私が書いたのは、私の父親は大学で教員をしていて、そして母親は大学で非常勤講師ということで1週間に1回教えていましたが、あとは地域活動をすごくたくさんやっていたのです。その母親は本当に一生懸命いろいろなことをやっていたのですけれども、いわゆる経済的なもの、やはり家庭は父が稼いでくる経済で成り立っていたというのは事実だったのです。本当に母が一生懸命いろいろやっているのですけれども、その周りの私の友達のお母さんたち、ご近所の人たちは「山川さんのところはお父さんが理解があるから、令子さんはあんなに飛び回っていられるのよね」というふうに言っていたのです。令子というのは母の名前ですが、私は、それをつらいというか、悲しい思いでそういう言葉を聞きました。父だって母の理解があるから、母のサポートがあるから外で働けている。母だって父をサポートする。お互いにサポートしているのに、あたかも父が理解のある人だから「令子さんが働けて、そういう地域活動できているのよね」と言われるのは、ちょっと違うのではないか。お互いさまなのではないかなと私は思っていたのです。

もう一つ、母は自分の仕事としてフルタイムの仕事をすることもできましたけれども、私たち子どもを育てながら地域社会のいろいろなことをやるということを、本当に一生懸命やっていたのです。家庭を支えるだけの経済的なものがあるかどうかで何か母が判断されているというのは、またそれも違うのではないかなと思ったことがありました。

そのことを紙に書きましたら、大日向先生がこういう意見がありますということで、それを取り上げて、それから本当に私は女性学というものをよくよく勉強するようになった記憶があります。そこを話し出すと長くなってしまうのですが、そういう先生との出会いがありました。では、自分は女性としてどう生きていくかということは私にとってはずっとテーマでありました。恵泉で学んだこと、恵泉で皆さんも今学ばれていますけれども、これがいかに貴重な学びとなって社会に出たときに大きく役立っていくかということは、私は自分の経験からそのように皆さんに強くこのことを伝えていきたいと思っています。

女子大学は必要か

きょうの大きなテーマは、男女平等社会になったのに女子大学が必要なんですか、という問いが社会から片側で突き付けられている。それにどう答えていくかということであろうかと思うのですけれども、果たして、この日本の社会において男女平等になっているのかというところに、まずしっかりと目を向けておかなければいけないと思うのです。そのことは大日向先生もお話しされましたし、またすごくグローバルな視点を踏まえて金先生、それから李明宣先生もお話をされたわけですけれども、よく新聞等でも取り上げられますし、たぶん先生も取り上げるでありましょうけれども、世界ジェンダーギャップ指数というのがあります。世界経済フォーラムが出しているところのジェンダーギャップ指数。これで男女平等ランキングというのは調査対象国１４４カ国中、日本というのは何番だというふうに。ちょっと年によって違いますが先生は１１１とおっしゃって、１１１とか１１４とかちょっと年によって違いますが、それぐらいなのです。非常にジェンダーのギャップが大きい。どうして、この日本の社会においてそんなに低いかというと、一つは政治への女性の参加の割合が低いということです。

男女の格差

昨年の衆議院選挙で私は国会議員として働く立場をいただいたのですけれども、そのときの当選者は47人。だいたい全体の10％ぐらいです。衆議院ですけれども、それぐらいしかいないのです。それから、男女の経済的格差というのが非常に日本は大きい。それは1年、2年ぐらい前でしたか、保育士さんの不足の問題が非常に大きく取り上げられたときがありました。そのときに保育士さんとか介護、女性がその職業に就いている人のほとんどが女性である。もちろん男性もいますが、ほとんどが女性である、その職種の平均的な月額給与というものが全体の平均的な給与よりも約10万円低いのです。例えば、それは象徴的なものですけれども、非常によく表している。政治への参画、それから経済的な男女の格差、差というものが、これほど日本の社会で大きいのだということを私たちはやはりちゃんと踏まえておく必要はあろうかと思います。

ただ、この恵泉の中で学んでいるとすごくいい環境で学ぶことができるので、もしかしたら皆さんは社会に出てから、その現実にぶち当たるというか。皆さんのそれぞれの家庭環境というのもあろうかとは思いますけれども、いまは女性が本当に一生懸命頑張って活躍していますから、あたかもいまは男女平等かのように見えるのだけれども、実はいろいろなところで、大日向先生がおっしゃった「罰ゲームを受けているようだ」ということ。それは女性にとって男性のようにはスムーズにいかないような構造が社会の中にあるわけですから、そのことにもしかしたら、今ではなく卒業してからぶち当たるのかもしれません。そのときにやはり恵泉で学んだこと、私自身の経験からしますとこの女子だけの、女性だけの、この環境の中で何も臆することなく、男性の存在を気にすることなく学ぶことができたという、このことは、私の自分の経験から非常に強みになっているというふうに思います。

いま、例えば私がいる政治の世界というのは本当に男性中心の世界です。男性の社会というのは、自分が社会の中でどの位置にあるかによって発言したりしなかったり、あるいは発言することを少し変えてみたりというのが、私はそういう社会なのではないかなというふうに見ているのですけれども、女性の中にもちろんいろいろな方がいらっしゃいますが、多くは自分の主張をちゃんとしていく。そして、人との関係においてこういう立場だからこれは言うのをやめておこうとかという発想は、多くの女性には私はないと思うのです。女性は、やはり、おかしいものはおかしいとちゃんと言うとか、そういう特性を元々持っているのか、それは教育の中で身に付いたのかというのはあろうかと思うのですが、少なくともこの恵泉では、その力を付けることができると思っています。

教育の大切さ

先ほど李明宣先生と金恩實先生のお話の中で、いかに教育が重要かということをお話されました。席の前のほうは学生さんばかりではないですけれども、まだ皆さんが学ぶ側に、いつまで経ってもみんな学ぶのですけれども、まだまだ経験が本当にフレッシュですから、まだまだ世界で知らないこととかいっぱい当然ありますけれども、教育を受けなければ今自分がどういう状況にあるかということを知ることはないのです。

私は先ほどご紹介をいただいた国際協力を行う団体のスタッフもしていたのですが、その前に学生のころ、ちょっとイギリスに留学しました。そのときアジアとかアフリカ、途上国の女性たちが学びにきていました。タンザニアの女性が開発学の中の女性というテーマで学びをしにきていたのですけれども、「ここに来るまで自分の国の女性がいかに差別されて、虐げられていた存在なのかということを気づいていなかった」というふうに彼女はしみじみと言ったのです。自分が置かれている状況がどういうものなのかということは学ぶことなしに、教育を受けることなしに、知ることができない。まず現状を把握しなければ、それをどう打開していくのかというところに進まないのです。現状を現状としてそのまま受け止めていたら、現状のおかしさにも気づかないということがあるのだということ。

ですから、この恵泉でいろいろな学びをされていると思うのですけれども、いわゆる勉強だけではなく実践を通した学びをしている皆さんの時間というのは、いかに貴重であるかということを私はお伝えしたいと思います。

建学の精神を携えて

与えられた時間は残り2分ほどですが、私は皆さんに本当に伝えたいと思うのは、この恵泉の創始者であられる河井道先生の建学の精神です。いろいろなところにも出ていると思いますが、やはり平和をつくり出す女性たちを育成していきたい。それが、やはり私は河井道先生の建学の精神であったと思います。私自身はクリスチャンなのですけれども、平和をつくり出すというところに、そこに私の政治の活動の軸を置いています。聖書マタイ5章9節に出ている「平和をつくるものは幸いである」という、この言葉を、ぜひ恵泉の皆さんには創始者である河井道先生が、日本の女性が、日本と世界の平和をつくり出すために、そういう人材を輩出したいという思いで、この学園を創立したということを、思いおこしていただければと思います。

■フロアから

農業、自然・生活園芸・共生に向かって

澤登早苗

私は封建的な家父長制度が残っている農村で長女として生まれ育ちました。七男でありながら結果的に家を継いだ父からは「あなたは三姉妹の長女だから家を継ぐんだよ」と言われて育ちました。地元の公立高校を卒業して、大学・大学院は国立大学の農学部に行きましたので、ずっといわゆる男社会で、教育を受けてきました。

大きな転機になったのは、大学院時代に文科省の奨学生としてニュージーランドに留学をしたことです。ニュージーランドは女性が参政権を最初に獲得した国です。農業研究だけでなく、家庭における男女のあり方にも大きなカルチャーショックを受けて日本に帰ってきました。それが自分の人生の大きな転機でした。スーパーウーマンにならなければいけないと思って育ってきた私が、そのことに疑問を抱き、男の人にもいろいろなことを分かち合ってもらうのが当然と思うようになり、以来家庭でもそのようにしています。

私たちが恵泉で1994年から実践してきた生活園芸プログラムは、まさに私が農学部で受けてきた男性主体、生産を主体とした競争のための教育ではなく、その対極にある暮らしに寄り沿い、身近なところで自然との関係を学び、それを通じて社会のあり方を学ぶものであると思っています。これまでのお話を伺いながらそういうふうに対峙して考えられると思いました。

何故ならば、1年生が全員行っている生活園芸Ⅰは、循環と多様性と共生をベースとした有機園芸、有機農業を学生たちに体感してもらう教育プログラムであり、それはまさに人が生きていく上での基本を学ぶものだといえるからです。

本学の教育農場は教育機関で初めて有機認定を取得した畑であり、1994年から環境や社会の変化を考慮して有機栽培を実践しています。有機栽培といっても非常に幅が広く、なんでも禁止されてる物を使わなければよいというような考え方もありますが、私たちはそうではなくて「循環」を非常に大切にしています。地域資源の循環・活用。命の循環、あるいは先輩から後輩へ引き継いでいくこと、そのような循環を大切にした教育プログラムを展開しています。

たとえば、物の循環では、キャンパス内で落ち葉を集めて腐葉土作りをして、そして畑に戻す。あるいは1年生が最後の授業で、「お礼肥え」すなわち、次年度の後輩たちのために畑に肥料を施し、大地や自然にお礼を言って終了するといった取組みも行っています。

農薬や化学肥料を一切使用していない畑には、いろんな生き物がいます。畑で虫が出てもそこには害虫と益虫だけでなく、それらが食べるだけのただの虫というような、多様な生き物がいることを学生たちは体感しています。雑草も作物に影響を与えないように管理をして、またその雑草を活かしています。ここでは学生たちが多様なものと共生することを実感しています。学生たちのレポートの中には「すべてのものに何らかの役割がある」「自分にも何か社会の中で役に立つものがあるのではないか」というフレーズが見られます。

このような野菜を育てる教育実践を通して学生たちには人と人との関係、あるいはコミュニケーション力、あるいは共感する心が育まれ、培われています。「野菜を育てたことでおじいちゃんやおばちゃんと共通の話題ができてよかった」。あるいは、アフリカからの研修生と共に、畑で野菜を収穫して、お昼をいっしょに食べた体験を通して、「国が違っていても食べることは共通しているということを感じた」。あるいは「野菜を育てると優しい気持ちになれる」、「農家の気持ちが分かるようになった」等、学生の言葉からは、野菜を育てることで異世代間交流や異文化交流できることが、明らかになってきました。

このように生活園芸Iの授業では、競争ではなく分かち合い、弱者との共生を実際に畑で野菜をつくりながら学ぶことができます。畑にはいろいろな虫がいて、ときには私たちの食べる作物をほかの虫や鳥にあげることもありますが、それも含めて分かち合いではないかなと考えています。そういうことを学生たちが実際に体験をするということが、人が生きる、女性が生きていく上で重要なベースになると思います。これは男性にももちろん必要だと思いますが、この教育成果を大きく感じ取ることができるのは、命を育むことができる女性の方が得意なのかなと常日頃感じながら教育をしています。

もう一つは、アジアの女性と農業です。アジアのいろいろな国で有機農業研究や運動、国際会議に関わってきました。その中でアジアと、多くの欧米、アフリカ諸国が大きく異なる点は、たぶん自然環境や、宗教の関係で、アジアでは比較的、自然との共生をベースとしてきた、人間が自然と共に生きてきたという歴史があることだと思います。それに対して欧米諸国では人間が自然を支配するという考え方が主流であり比較的収奪的といえると思います。エコフェミニズムとかアグロフェミニズムの話がありましたけれども、例えばインドでは、アウトオブカーストの女性が、夫が亡くなって、親と4、5人の子供と一緒に生きなければならないときでも、土地さえあれば自分で種を取り、そこで必要なものを育てて生きていくことができるのです。そういう人が生きていく基本を担ってきたのが、アジアの女性ではないかと思っています。

アジアにおける自然や環境との付き合い方は、自然の中で人が生きていくためのものであり、そういうベースの上でものごとを考えていくことが大切なことだと学びました。その一方で、家父長制度とか女性を取りまくさまざまな問題も、多様な人が集まって一緒にワークショップをすることで解決の道を見出すことができることも学びました。小さくても確実なものをつみ重ねていくことが重要であることを、お話を伺いながら確信しました。

■フロアから

恵泉の平和教育
――「平和のエリート」を作らない

上村英明

私の場合は自分が男性なので、女性としての経験からこういうことを学んだということが言えません。そこで、別の視点からお話したいと思います。

先ほど紹介がありましたように、平和教育あるいは平和学は恵泉の一つの柱です、私は2001年からこの分野を担当してきました。17年間、恵泉で平和学を教える中で、逆に、女子大で平和学を教えるという私の経験の中から学んだことが何だったのかというところが今回の私のコメントになるかと思います。

あらためて申しますと、日本の平和学とか平和教育の一般的な特徴では、平和教育というのはまず戦争を対象にします。簡単にいえば、戦争は悲しいもの、辛いもの、苦しいものであることをくり返し教え理解を求めます。私たちの社会が残念ながら引き起こしてしまった第二次大戦の体験です。ここにいらっしゃる方はよくお分かりだと思いますけれども、8月15日が近づくと平和について考えましょうという特集が、日本のメディアの中で大きくとりあげられる季節的現象は、これと連動しています。

一方、では大学以上での平和教育というものはどういうものだったでしょうか。これは、例えば、日本では広島大学や広島市立大学など、いわゆる平和教育のカリキュラムがある日本の大学、実はヨーロッパでもいくつかあるのですけれども、その平和教育は、私の目から見るとどうも平和のエリートをつくる教育にみえます。例えば国際機構論、私がやっていたような国連機関がどうなってるの、その中で何でどう平和に貢献できるかを学ぶ。国際法しかり、国際政治もそうです。そして、その学びの中から将来的には国連はじめ国際機関の公務員、大学の教員、あるいは国際的なＮＧＯで働く職員を作り、その方たちが世界の平和が実現するように努力すれば、平和に貢献した教育になると考えるコースがいくつもあります。

では、恵泉女学園大学という女子大で私はどんな平和を教えているんだろうとあらためて考えてみたときに、この大学でやってきたことは、平和のエリートを作らないことでした。大学を出て普通に社会人になる女性、あるいは家庭に入る女性、いろいろな女性がいると思います。そして、普通に社会に出て働いている人たちが、きちんとグローバルな問題に向き合うための平和学というものを工夫し、実践してきたのではないかと思います。

これはどういうことでしょうか。私たちが日常生活を送りながら、同時に、この社会の仕組みについてきちんと洞察できる。あるいは歴史の構造について基本的なものをちゃんと理解している。これは近代の検証というふうに、実は、澤登先生も言われました。あるいは山川さんも言われたように僕らの社会というのは、特にアジアは理不尽なことがいっぱいあったのです。ところが、その理不尽なことを解決してくれるはずだったヨーロッパ型の知識が本当にすばらしいものだったのかという問題提起を含んでいますし、金恩實先生がおっしゃった近代化に対する価値観の再構築に通じるものがあります。

ヨーロッパ型の知識は、例えば皆さんがどれだけ理路整然と論理展開できるかということに教育の主眼を置きます。プレゼンテーションの力や、発言力を問うのですけれども、社会にはそういう言葉を持たない人たちがたくさんいます。そういう人たちの声をきちんと聞く力を学ぶことも平和を学ぶことです。

そういう意味での新しい平和学の構築を考えたときに、この恵泉で学生さんたちから学んだことがものすごく大きかったわけです。そして、そういう視点から平和を語っていくと女性の理解のほうが圧倒的に早いような気がします。やはり男性は社会構造の中で上にいるからだと思います。男性は日常的に平和を語る意義や必要をなかなか理解しません。そういう意味で女性、女子大で平和についての新しい教育カリキュラムをつくっていくということが、いかに重要かということを最近考えていましたので、このシンポジウムに参加させていただいて本当にありがたいと思っています。

まとめ——新しい試みははじまっている

〈司会〉　時間がだんだん迫ってきましたが、ここでこれまでのコメンテーターの方々からのコメントへの応答を含め最後に金先生からいくつかご発言いただき、また、もし時間があるようでしたら、ほかの方々からもコメントを一言ずついただきます。

まずは金先生から。では、お願いいたします。

〈金〉　3人のお話はとても胸に差し込む、とても感動的な話でした。山川先生のお話、恵泉女学園大学で受けている教育、まさにこれが、恵泉が持っている教育の力なのだということを切実に感じることができました。実は、教育というものは言葉で一回聞くことが大事ではなく、これが自分の体の中に体得できる、その過程が非常に大事なものだと思います。

そして、この身に付けること。まさに人類学では人間の感情とは何かというと、これは体の中に染み付けられている、いわゆる知識だという言い方をします。この知識というものは体の中に、これが感情になり、人間の知覚として楽しいものになるときこそ、初めて知識だと言えるかと思います。

この知識というものが、いま現在はそれが正しいかどうか、どういうものなのか皆さんの中には分からないところもあるかもしれません。しかし、この知識というものが理性的にはまだ判断できなくても自分の中では大丈夫か、あるいは大丈夫ではないか、これは正しいかどうか判断ができない。うれしいか、うれしくないか分からないような感情が4年間自分の中に蓄積されて社会に出ていく、この時間と経験というものは、とても人間にとって大事な知識になっていくのだと思っています。

先ほど山川さんが恵泉の空間とは違って社会に出て初めてもう一つの現実に向き合うかもしれない、だが恵泉の教育を受けて社会に出て直面する現実というものは、もうすでに恵泉の教育の中で自分の新しい世界観が形成されて社会に出ているので、それが判断できる。だと話されたと思います。

先ほど上村先生が恵泉の平和学を説明してくださいました。恵泉で教えている平和学というものは、新しい類型の市民をつくり出して、すでに社会に送り出しているということだと言えると思います。

澤登先生の生活園芸と地域で生きる人間の姿も、まさにもう一つ恵泉がつくり出している新しい市民の姿だと思います。

私が経験した恵泉、そして皆さんの話から、もうすでに恵泉は女子大学の中で新しい概念、新しい人間をもうすでにつくっている大学であることを自信を持って言っていいと思います。実際、ほかの大学は持っていないものを十分に持っています。ただ、それをどういう形でもっと説明し、ほかのところに共有していくのか。恵泉は十分前衛的で先導的な大学であると言えると思います。

恵泉の皆さんの持っている教育カリキュラム、そして輩出された人材たちが今どういう成果を上げているのか。それを持続的にまた取り戻し、それを教育の一つの結果として、また残して共有していく作業が重要ではないかと思っています。ありがとうございました。

〈司会〉 ありがとうございました。話は尽きないのですが、そろそろ終了の時間がまいりましたが、最後にやはり、ここにご登壇いただいている先生方から一言ずついただきたいと思います。まず、李明宣先生から何か一言ありましたら、どうぞお願いします。

〈李〉 ＃Me Too 運動に関して、例えば韓国でもこういうことがあります。韓国で多くの女性が街に出て＃Me Too 運動を主張したところ、社会からは証拠を出せという言い方をするわけです。しかし、そのときにそこに出ていた若い女性たちが、私の体こそ証拠だという言い方をしました。

私は30年間、自分なりに女性学を研究し、さまざまな悩みも経験したのですが、今日コメントを聞きながら、「何が女性学なのか」ということを3人の証言の中からあらためて確認することができました。

今回、とても多くのことを学ばせていただきました。ありがとうございました。

〈山川〉　先生方のお話、それからフロアからのコメントということでお話を聞いていて、この短い時間の中でありましたが、私も、この大学、恵泉女学園というこの女子教育をしている、この学園の意義、そして役割、そのことをあらためて考えさせられて、そして発見したような気がします。

先ほど恵泉の平和学ということでお話がありましたけれども、やはり私が先ほどお話しました河井道先生の平和をつくり出す、そういう女子教育をしていこうということで恵泉が始まったわけなのですけれども、金先生のお話で、恵泉でつくられた世界観をもって社会に出ていったときに、その確立した世界観があるからこそ、社会に出ていったとき新たな世界にぶち当たるのではないかというお話だったと思うのですが、「あ、確かにそうだな」と。この恵泉での学びからつくられる世界観で、社会に出たときに社会に自分を合わせていくのではなく、社会を変革していく力として、恵泉で培った世界観をぜひ皆さんの自身の基盤として、いろいろなところで、大きなところではなくても本当に身近な生活の中で、そして自分の働く職場で、家庭の中で、ぜひ恵泉から卒業される皆さんが本当に新しい世界観で、社会変革の力になっていただければなというふうに今日、改めて思いました。ありがとうございました。

〈司会〉　最後に大日向先生から本日のシンポジウムのまとめをお願いしたいと思います。よろしくお願いいたします。

〈大日向〉　私からはまとめではなく感謝を、そして、これからの希望を述べさせていただきたいと思います。

きょうは金先生と李先生のお二方に基調講演をいただき、続いて3名のコメンテーターの皆様からもお言葉をいただきましたが、その一つひとつがこんなにも響いたシンポジウムはあまりなかったと思うくらい、感銘深いメッセージの数々をいただきました。感謝申し上げます。

山川さんが最初におっしゃったコメントペーパーのことはよく覚えています。それに対して私はお答えしたのですが、山川さんに納得していただける答えを十分に提示できなかったのではないかと思います。でも、いまこうしてご自分なりの世界観を築き上げて恵泉に戻って来てくださった。そして、政治を動かそうとしておられます。平和のために政治の活動をしてくださっていることを本当にうれしく思います。益々のご活躍をお祈りしたいと思います。

さて、金先生には昨年に続いて今回もすばらしい、そして刺激的な基調講演をありがとうございました。そして、李先生の梨花での取り組みについてのご紹介にも本当にいろいろ学ばせていただきました。

梨花女子大学は韓国初の歴史のある女子大学で、そして女性リーダーを育成するために長年尽力され、世界に冠たる女子大です。その梨花女子大学が、これまでのような男性中心社会に切り込んでいく競争的なリーダーシップではなく、分かち合いのリーダーシップの育成を提起されたことに、大きな感銘を覚えました。これはまさに恵泉女学園大学が掲げている「生涯就業力」と一致しています。

先ほどの基調メッセージでも申しましたが、恵泉女学園は１９２９年に、河井道先生が世界平和の構築に尽くす自立した女性の育成のために創めた学園です。世界平和を実現するためには女性の教育が必要で、たしかな知識に裏付けられて「イエスとノー」を言える女性の育成を目指したのです。ただ、同時に河井先生は常々、「汝の光を輝かせ」と言われました。自分だけが輝けということではありません。むしろ、周囲の方々を大切にし、その方々の輝きを引き出せるような働きを求められたのです。これこそが人々が平和のうちに暮らせる社会につながると思いますが、これはまさに金先生、李先生のお二方がおっしゃってくださった、分かち合いのリーダーシップではないかと思います。

また、私の基調メッセージでは足りなかったところ恵泉教育に関する理念と実践について、澤登先生、上村先生がそれを補うプレゼンをしてくださいました。お二方に対するコメントはすでに金先生から十分いただきましたが、上村先生が言われた「恵泉は平和のリーダーをつくらない。恵泉は普通の生活をしている人間が、普通の感覚でグローバルに平和にきちんと向き合っていくことを大切にする」ということ、これはまさにこの恵泉の教育の真髄であると思います。

昨年ノーベル平和賞を受賞したＩＣＡＮ（核兵器廃絶国際キャンペーン）ですが、その国際運営委員のお一人が、本学で講義を担当してくださっている川崎哲先生です。受賞の報を受けてどういうふうに私たちは祝おうかと思ったのですが、川崎先生がこう言われました。「今回の受賞の真の貢献者は、ＩＣＡＮもさることながら、自らの体験を世界に発信された被爆者の方たちです。12月10日にオスロの市庁舎で行われる授賞式にはできるだけ多くの被爆者に参加してほしい。でもそのための交通費や滞在費の工面のめどがないのです」と。この川崎先生の言葉を受けて、院生が真っ先に動きました。手製の募金箱をつくり、多摩センターの駅に立ち、恵泉祭で募金活動をしてくれたのです。当初の予定は１２０万円でしたが、実際には５５０万円余りが集まり、川崎先生の願いのとおり、被爆者の方々にオスロの授賞式に参加していただくことができました。

記者会見で、日本政府が核兵器廃絶に調印していないことをどう思うかと尋ねられた川崎先生が次のように言われたことが心に残っています。「よく日本は核兵器禁止条約に参加していないといわれるが、それは違う。今回のカンパでこれだけ集まったことを考えると、核兵器禁止のプロセスに参加しているんです。今回の平和賞受賞を日本の市民社会全体で祝い、全体で送りだし、全体で参加していることだと思う。それだけこの核兵器の禁止と廃絶に対して、強い思いと支持が日本全体にあるということを改めて実感し、活動をしている者として励みになります」と。恵泉の平和教育が端的に結実した事例かと思います。（＊ノーベル平和賞受賞に関しては、本学ＨＰ「学長の部屋」をご参照ください。2017/10/30・2017/12/18）

けっして一部のリーダーの育成に終始していない。普通の感覚を持ちながら、日々の暮らしを丁寧に営み、そしてそれを人々と分かち合うことを大切にする女性たちが、社会を動かしていく。その女性たちが本当にキャスティングボードを握るリーダーになったとき、社会は良い方向に変わると思います。

梨花は130年の歴史がおありで、学生数は2万2000人以上。規模も歴史も大きな大学の梨花女子大学が、この小さな恵泉女学園大学と手を結びたいとおっしゃってくださいました。3回のシンポジウムにわたってお力添えいただきました。

そして、最後にとてもうれしいお知らせを皆様にさせていただきます。現職の梨花女子大学の総長が、この10月に本学を訪れてくださり、一緒にシンポジウムを企画、参加してくださるということです。テーマは、「女性活躍時代に真に必要な新たな女性リーダー像を求めて」いうことになるかと思います。そのお力添えをいただいた金先生に、心から感謝申し上げます。きょうはミニシンポジウムでしたが、今秋の10月には一大シンポジウムとして、韓国の梨花女子大学と、この恵泉女学園大学が真の平和の社会の構築を、そして、そのために活躍する女性の育成を目指してご一緒に考えるひとときを持たせていただくことを心から願って、本日のこのシンポジウムの閉めの言葉とさせていただきます。

皆様、本日は長時間、最後までご参加くださいまして、本当にありがとうございました。

●学長ブログ

小さいけれど、強い大学

～国際シンポジウム恵泉×梨花２０１８「今、女子大学生に必要な高等教育を考える」報告

（２０１８年６月４日）

これまで本学は韓国の梨花女子大学校と二回にわたってシンポジウムを開催してきましたが、今回はその三回目です。基調講演をしてくださった金恩實教授は昨年の第二回に続いてのご登壇。梨花女子大学が１８８６年に梨花学堂として設立され、その後、１９４６年に韓国総合大学第一号の認定を受けて今日に至るまでの女子教育の歩みを振り返りながらのお話でした。とりわけ印象的だったのは、梨花女子大学の女性教育の目指すところの大転換です。近代から20世紀にかけて常に時代の先駆者たるスーパーウーマンの育成に注力してきた梨花女子大学が今模索しているのは「分かち合いのリーダーシップ像」だということでした。競争至上主義の中で勝ち抜くエリートではなく、社会的及び政治的弱者に対する感受性と倫理意識を持つ人材の育成であり、知識や資源を共に分かち合うとき、社会がより発展し、社会構成員がともに幸せになるという価値を学び、そのための実践教育を目指すというお話でした。

この金先生のお話は、私が基調講演としてお伝えした恵泉の「生涯就業力」が目指すところと完全に一致したものでした。女性活躍が声高に叫ばれている昨今の日本社会ですが、女性が置かれている現状の厳しさが依然として変わっていないだけでなく、急速な少子高齢化の一方、世界規模で生じつつある未曽有の社会変動、さらには平和が脅かされる危機的状況等を考えるとき、高齢者も若い世代も、だれもが弱者となりうる怖さがあります。そうであればこそ、現状を冷静に把握分析できる知識・技能・理解力と、課題解決に向かう志向性、それも一人ではなくほかの人とともに向き合える協調性をもって、「しなやかに強靭に」生きる力が必要です。言葉を換えれば〝生涯にわたって生きる目標を見失わず、自分を磨き続け、身近な人、地域・社会と共に生き、尽くす人となる力〟としての「生涯就業力」ですが、これは河井道先生が願われた平和に尽くす自立した女性の育成に他なりません。

梨花女子大学校の「分かち合いのリーダーシップ」と恵泉の「生涯就業力」は、競争原理に根ざした男性的なリーダーシップとは異なる〝新たな女性活躍〟の姿の提示であり、そのためにこそ、女性独自の視点とそれが尊重される学びの環境としての女子大学校の意義と使命があるという点でも、一致したところでした。

続いて登場した4人のコメンテーターからも、心に響くメッセージが届けられました。李明宣先生は、アジア各地の女性たちが集まって2週間のワークショップを通じて相互に学びあうEGEP（Ewha Global Empowerment Program）２０１２年から年2回、20

名以上のアジア女性研究者、活動家が参加するプログラム）の経験を通じて、女性たちだけの学びの空間の重要性と、アジアフェミニズムとトランスナショナルな女性の連帯の必要性を静かに、しかし熱く語ってくださいました。澤登早苗先生は命をはぐくむ恵泉の園芸教育の中で、自然と共生し、分かち合う大切さを。山川百合子さんは恵泉での学びがご自身の今の政治活動に実を結んでいること。最後に登壇した上村英明先生は女子大で17年間、平和学を担当して学んだことは平和教育のエリートをつくらないことだということでした。「従来の平和教育はたとえば中高生には戦争がいかに恐ろしいものかを教え、他方で大学では国際機構や国際法に通じた平和エリートの養成を行ってきた。しかし、平和な社会の実現に本当に必要なことは、普通の人々が普通に暮らしながら、しっかりグローバルな平和に向き合うことだ」。まさに河井先生の平和教育の理念に通じるコメントでした。

最後に金先生も李先生も、梨花女子大と本学のつながりを強く希望するメッセージを残してくださいました。学生数22000名余り、韓国のみならず世界屈指の女子大学である梨花女子大学校ですが、聖書・国際・園芸を学びの礎とした恵泉の教育が、地域とつながり、自然と共生し、弱者に寄り添う分かち合いの女性リーダー育成のモデルとなる、「小さいけれど強い大学」だと本学を表現されました。そし、そのことをスプリングフェスティバル2018が催されているキャンパス全体からも確信されたようです。

嬉しいご案内です。梨花女子大学校の現職総長が、この秋、10月に恵泉を訪問くださるとのことです。総長をお迎えしての企画等、詳しいことが決まりましたら、ご案内いたします。

シンポジウムを終えて会場で記念撮影

●学長ブログ

秋の国際シンポジウム（恵泉×梨花）決定

（２０１８年７月９日）

スプリングフェスティバルで開催した国際シンポジウムＰＡＲＴ３（恵泉×梨花）について、６月４日のこの「学長の部屋」でご報告いたしました。

http://www.keisen.ac.jp/blog/president/2018/06/post-87.html

その最後に嬉しいご案内として、この秋に梨花女子大の現職総長をお迎えしてシンポジウムを開催する予定であると書きましたが、日程と内容等がほぼ確定いたしましたので、ご案内いたします。

恵泉女学園大学と梨花女子大学の協定締結記念日韓国際シンポジウム

「恵泉×梨花：女性活躍時代の新しいリーダーシップとは」

シンポジウム開催の趣旨

女性活躍が声高に叫ばれている昨今、これからの時代に必要な真の女性活躍の姿とはどのようなものなのか？男性的原理で構築された競争社会に分け入り、そこで生き抜くリーダー像だけで良いのか？

これまで韓国の梨花女子大学と恵泉女学園大学は、日韓のみならず広くアジア全般に視野を置きながら、女性が置かれている共通課題に目を向け、そこで果たすべき女子大学の使命と課題について議論を続けてきました。

その結果、両大学はこれからの時代に必要な新しい女性活躍の姿とそこで発揮されるべきリーダーシップについて共同実践するために協定を締結することとなりました。

その記念シンポジウムを下記の通り開催いたします。国境を越えてアジアに生きる女性に必要な高等教育のあり方、国際的な協力及び役割について共に考えたいと思います。

主催　学校法人恵泉女学園・恵泉女学園大学

日時　２０１８年10月20日（土）10時～16時
基調講演１　恵泉女学園大学学長　大日向雅美
基調講演２　梨花女子大学　総長　金恵淑

基調講演に先立って分科会での討議
セッション①　園芸から学ぶ分かち合い
セッション②　平和を構築するリーダーシップ
セッション③　高大連携で育成する生涯就業力

さらに詳しい情報は追ってご案内いたします。

なお、先日の国際シンポジウムPART3の参加者のアンケートとそこに記されていたご質問について登壇者【李明宣教授】からいただいた回答は次の通りです。

アンケート感想

一般参加者（抜粋）

- 変化の主体になるのは女性であるという格言には力強さを感じ、女性である自分自身も、そして女性を教育する立場としてもパワーを頂戴できました。ありがとうございます。（40代 短大教員）
- 「なぜ女子大か？」を卒業生としても考えるよい機会となりました。皆さま、ありがとうございました。（一般40代）
- 久しぶりにこういった色んな方の話を聞くことができ、勉強になりました。恵泉を卒業し、社会に出ていますが、時々こういった機会を持つことがこれからもできたらよいと思います。改めて、恵泉を卒業したことを誇りに思えました。（卒業生 20代）
- ジェンダーギャップ指数の大きい日本と韓国が協力してアジアの女性進出を目指すのは心強いと思った。（学生20代）
- 「女性の生き方」を紐とくと、平和な世界の構築に行き当たると感じた。（学生 20代）

・フェミニズムのあり方について再度認識することができました。一人ひとりの女性の力が、今未来を大きく変えていくので、私もその一員になりたいと思います。（学生20代）
・貴重なお話を伺いました。（一般70代）
・知らないことが一杯有り、勉強になりました。（一般50代）
・大変刺激を受けました。（一般70代）
・日本の女子大×韓国の女子大という二校によるこういったお話は貴重、かつとても為になるものでした。女性は自信を持ち、生き生きと生きていくべきだと思いました。自分の主張はちゃんとしていく。「小さくても変化をつくれば大きくなれる」バタフライ効果で、これからの社会で女性の力を更に強め、活躍していきたいと思いました。（10代）
・女性たちのこれからの課題、問題が何か改めて知ることができてよかった。（20代）

本学学生（抜粋）
・自分が女性としてどう生きようか、とても考えさせられました。（10代）
・男女共学の大学が増えていく中で、梨花女子大は女子校の必要性として、数値だけの平等ではなく、社会での実質的な平等のために女子大は必要であると示していた。また新たな価値観として、分かち合いのリーダーシップを大切にしており、知識や資源を共有し、分かち合う価値を学び実践するための教育を目指しているのは、どの大学にも大切で必要なものであると感じました。（20代）

- 女子大のこれからの在り方について、改めて考えることができました。（20代）
- 女性が一人の人間として社会で生きていくために、平和を考えながら生きていくのが今後大事なのだと改めて思った。（10代）
- 日本の中にいると、世界と比べて女性の立場が低いと言うことに気付きづらいと思うので、こういった国際的な視点の話を聞くことができて新鮮でした。（10代）
- とても興味深いお話でした。女性の生き方についてよく考えさせられました。（10代）
- 私の母は私立の中高一貫校の非常勤講師をしています。毎日常勤の人より授業があるのに、お給料は常勤の半分もありません。父は4年前に亡くなりました。父が居た時は、私の家は割と裕福な家でしたが、父が亡くなってからは本当に大変な暮らしをしています。私はこの一変した暮らしに疑問と不安があります。このシンポジウムに参加して、少し私のおかれた社会が見えたように思えました。（10代）
- 女子教育の在り方についてなど聴けてよかったです。（20代）
- 普段なら聴くことのないお話を聴けてよかったと思います。女子大の衰退が言われている今、これ以上女性が生きづらい社会にならなければいいです。ここでは共学で学べないこともたくさんあるから。（10代）
- 女子大が必要な理由について今回の話を聞いて初めて考えました。昔の女子大はお嬢

さまといったイメージがありましたけど、イメージが変わりました。（10代）

・今回のシンポジウムを通じて今までの女性の理想像とは違う新しい理想像を創り出していく必要があると思いました。（10代）

・とても熱いお話を聞きました。いろんな話を聞いても、自分で動いて実践してみないと意味がないと思いました。（10代）

・韓国の梨花女子大学の方と恵泉女学園大学は、国は違えど、女性が力強く、しなやかにいきるために何が必要か、知ることができました。（20代）

・私は今4年生なのですが、4年間恵泉で学んだことについて考えさせられました。女子大学は女性の在り方を考えつつ、弱者とともに分かち合うことを必要とされているという考えにはハッとさせられました。男女平等の在り方、女性として社会との暮らし方を考えさせられました。

・私は中学、高校、大学とずっと女子校で学んできました。男性がいない分、のびのびと、時に主体的に学びを深めてきたつもりです。大学4年生になり、来年から社会に出る身になり、男性中心の考えがまだまだ残る場に出ることに大きな不安を抱いていました。しかし、本日お話を伺い、女性でも大きな可能性が有り、しなやかに、強（したた）かに生きることが重要であると励まされたような気持ちになりました。貴重なお話、ありがとうございました。

・今後の女性の生き方について、様々な活動をされている方々の話を聞くことができて、大変勉強になりました。ありがとうございました。

参加者の方からのご質問への回答（李明宣教授より）

Q：梨花女子大の先生から見て、日本はどう見えるか、日本の女性はどう見えるかを知りたい。（一般40代）

A：個人的に日本についての理解や知識が深くないため、マスコミや表面的にみられる日本の女性に対する抽象的なイメージを持っているという点はご了承ください。マスコミにみられる日本の女性たちは礼儀正しく、他人に気を遣う面などから、多少個人的というイメージを持っています。同時に、市民社会や共同体に対する理解が深く、小さいことでも関心があることや、社会的な課題に対しては深い理解と知識をもち、特別な名誉や代償がなくとも黙々と参加する傾向があると思います。

しかし、現実における実際の女性たちは年齢、階層、地域、職業、家族背景など多くの要因による多様なギャップを持っているため、イメージで日本の女性を判断したり、集団として日本女性を一般化し、話すことは適切ではないと思っています。

Q：アジア、アフリカでは未だになぜ「純潔」が重んじられているのでしょうか。現代ではさまざまな避妊具が発達しているのに。デリケートな質問で申しわけありません。（一般40代）

A：アジア・アフリカの場合、一般化して語ることは適切ではないですが、相対的に、いまだ家父長的な伝統的習慣や地域文化、宗教の影響を強く受けているということができます。特に、一部の地域において、幼い少女を結婚させる早婚や児童結婚、売買婚などが続いていて、これは伝統的に女性を家族の財産の一部とみなす家父長制度下の習慣や、貧困、女性の性に対する統制などの文化や制度と関連しています。一部地域では、女性が性暴力をうけたり、家長が認めない男性と恋愛や結婚をした場合、家族や親戚の男性による「名誉殺人」が行われたり、テロに遭うことは現在でも時折報道されています。つまり女性を一人の人間として尊重しない家父長的社会で、女性の純潔は、男性が統制しなければならない所有物としてみなされていることが問題です。このような側面はアジア、アフリカだけでなく、形は異なりますが、ヨーロッパ社会や日本、韓国などにも存在している問題です。

また避妊器具の発達と純潔の問題は少々次元の異なる問題です。現代社会で避妊器具は多く発達してきましたが、そのような避妊器具を全世界の人々が、制約なく使用できる状況ではないと思います。つまり、避妊器具の使用は単に器具の技術的な発達だけでなく、それを購入することができる経済的な権利、そして男性と女性の相互的な平等性と性的自律権など、様々な要因が結びついている問題です。

Q：韓国の方たちはたいへん積極的、活動的でいらっしゃるという印象を持ちます。若

アジア女性学センター主催
2018年度 EGEP（Ewha Global Empowerment Program）

い女性たちが、どのように今日のテーマを自覚しておられるのか、知りたいと考えました。（一般70代）

A：女子大学の起源をさかのぼると、近代社会で女性に対する教育が禁止されたり、男女の同席を禁止した時代に、女性を教育する空間として誕生しました。しかし現代社会になって性の平等が拡大されているのに、なぜいまだに女子大学が必要なのかという社会的、個人的な疑問が投げかけられたりします。私が所属する梨花女子大学校でも、恵泉女学園大学と同様に、学生たちは自分自身の教育経験を通して、女性たちのエンパワーメントとリーダーシップを育てるのに女子大学という空間が非常に重要な空間だと自覚するようになると言っています。この空間で学生たちは自分の意見を表明し、主導的にものを進め、行事を担いながらリーダーになる経験をします。要するに「女性的な女性」でなく、「人間として独立した女性」という訓練とアイデンティティーを学ぶ経験だと言えるでしょう。このような保護された空間、環境から、社会という「ジャングル」に出たときにさらに苦しい経験をするのではないのか、という指摘もありますが、このようなエンパワーメント教育を受けないままジャングルに出るほうがもっと危険だと言えます。

今回のシンポジウムのテーマは、梨花女子大学でも１９７０年代以降、

梨花女子大学校 132 周年記念式典の様子

梨花女子大学校キャンパス風景２

常に重要なアジェンダとして話されてきて、女性学術大会の主なテーマでもありました。平等社会と言われていますが、社会は未だ男性中心的で女性に対する差別と多くのタブーが存在していることは事実です。このような現実から、平等、平和、生命、分ち合いの価値を目指す梨花女子大学と恵泉女学園大学のような女性高等教育機関は依然として意味があり、重要な女性教育の空間であると思います。

（翻訳：中村桃子　大学院平和学研究科修士課程）

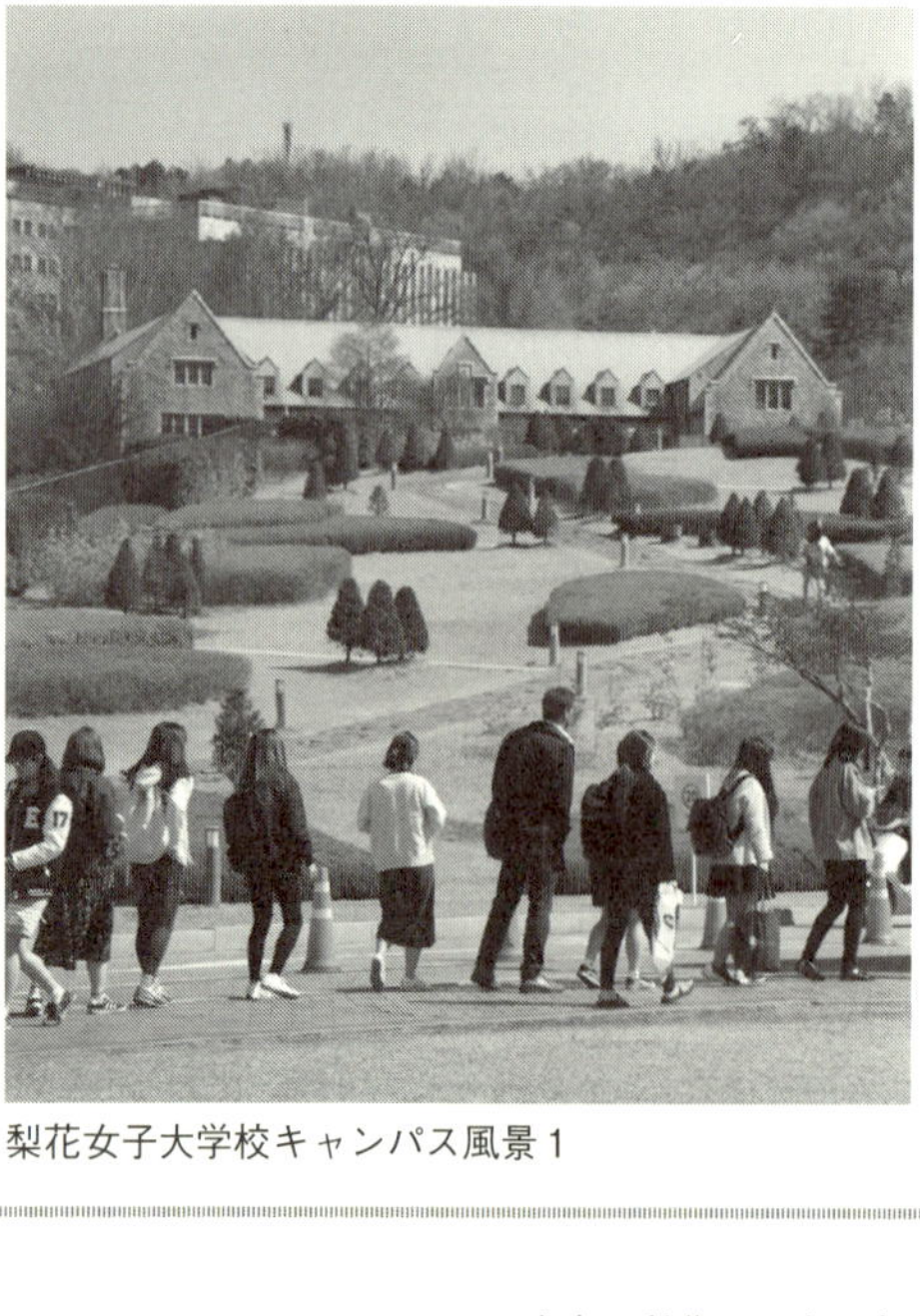
梨花女子大学校キャンパス風景１

「恵泉×梨花：生涯就業力シンポジウムの歩み」

――日韓ジェンダー問題の現状と課題

（2016〜2017年）

基調講演

日本の女性雇用政策の現状と課題
――ジェンダーギャップ指数111位の現状を変える

武川恵子

皆さま、こんにちは。内閣府の武川と申します。先ほど大日向先生のところでご紹介がありましたが、大日向先生は男女共同参画の功労者ということで総理大臣表彰を受けられておられます。私どもはいろいろな方面で大変お世話になり、ご尽力をいただいてまいりました。この場を借りまして御礼申し上げたいと思います。

日本と韓国のジェンダーギャップ指数

私からは政策立案者の立場から、教育の示唆となるものを少しお話しできればと思います。最近、新聞などで世界経済フォーラムが発表したジェンダーギャップ指数が公表されました。

日本は調査可能な144カ国のうち男女格差が111位であると、たいへん低い数字が発表されております。韓国は116位ということで、経済の分野と政治の分野の二つが大きな原因で順位を下げています。

主に経済分野と表裏一体となっている家庭の分野、特に大学教育ということを考えますとこの二つはたいへん重要だと思いますので、本日は経済と家庭の部分も少しお話ししたいと思います。

このジェンダーギャップ指数は、２００６年から作られている数字で、２００６年は１１５カ国中80位でしたが、徐々に落ちてきました。２０１０年は変数の入れ替えがあった関係で少し上がりましたが、また相対的に落ちています。２０１３年が底となり、そこから反転してきていると私どもたいへん喜んでいましたが、また変数の入れ替えがありまして１１１位に落ちている状態となっています。

いずれにしましても、日本は経済分野、政治分野が非常に悪い。それは日本が後退しているというより、日本も少しずつ進んできているのですが、ほかの国のほうが進捗が早いことが原因です。

本日は詳しくお話しする時間はありませんが、政治の分野では１９９５年から各国でいろいろな政策をとってきている。経済の分野もおおよそ２００５年あたりから各国、非常に思い切った政策をとってきており、やはり政策をとってきたか、こなかったかというところで大きく差が分かれてきていたと言えると思います。

安倍政権の一億総活躍社会

そして日本も、アベノミクスはウーマノミクスということで、女性活躍を推進しなければいけないと、4年ぐらい前からアクセルを踏もうということになってきました。女性活躍の意味合いはもちろん労働力人口の問題があります。家庭にいる人を無理やり働かせるのではなく、環境が許せば働きたいと思っている人が300万人いるというデータがあるということで、この方々に環境を整えて働いてもらえばかなり労働力人口が増えるのではないか。

それから、大日向先生が優秀な女性がなぜ家庭に入るのかというインタビューを受けられたということですが、家庭に入っている人の中には非常に優秀な人材が多い。それから、女性が経済に出ることによって財やサービスが新たに生み出される効果が見込まれるということで、質的な意味でも期待されています。

次に日本の高齢化率の推移について見ておきましょう。日本はあと20年、30年すると高齢化が4割近くなるということで、もう間近に迫っています。これは具体的にポジティブアクションをとらなければいけない、緊急に急ぐ理由があるということです。

もう一つ、ダイバーシティという問題があります。こちらの大学も、let your light shineだったでしょうか。すべての人が持っている可能性を輝かせることが一億総活躍社会の理念なわけですが、そのコアとなるのはもちろん女性です。一番の問題は管理職に占める女性が著しく低いということです。

これも韓国とお友だちなのですが、働いている比率は各国とそう差はないのに管理職が少ない。出世しないということなのですね。一番の原因は働き続けられないことにあります。一朝一夕には課長にはなれないわけで、やはりキャリアを積むためには継続就業をし、課長になる能力や経験を身につけなければ昇進しません。このあたりをどのようにやっていくかということです。

昨今いろいろ数値に成果は出ていまして、この4年間で働く女性の数は100万人ぐらい増えた。その中の就業率で見ますと25歳～44歳の子育て期間中と思われる女性の就業率も増えてきたと言えます。もちろん政策的にもいろいろやっており、育児休業給付を2年前の4月から6か月間までは67％に引き上げています。男性6カ月、女性6カ月、おのおの67％まで。これは男性にもとってもらおうということでそのような改正をやったのですが、なんと男性はいまのところ2・65％。この政策が導入される前が2・03、導入した年が2・30、その次の年が2・65とほとんど増えていない。このへんが非常に大きな問題になっています。

それから待機児童の問題をいかに解消していくかということで、最近は1年に10万人ずつキャパシティを広げていまして、5年間で50万人増やすと。これは順調に推移していています。本当にいろいろなところで公園をつぶすかどうかとかいろいろ議論になっていまして、まだまだ足りないのですが相当増やしてきています。

女性の抱える不平等感の世代間ギャップ

最近のデータを見ますと、子どもが生まれると仕事を辞める人が6割だというデータが先ほど紹介されていて、辞める人が6割で続ける人が4割という時代がずっと続いてきたのですが、これがなんと直近のデータでは13ポイントも上昇して53%となっています。それから新入社員で将来課長になりたいという人がだんだん増えてきているというデータもあります。

先週の日曜の朝刊に載った世論調査をご紹介したいのですが、家庭生活における男女の平等感です。「家庭生活において男性のほうが優遇されていると思いますか」というデータを見ますと、特徴的なのは20代の人はあまり不平等感が高くないということ。30代、40代になってくるほうが不平等感が高くなる。家庭ほどではありませんが、やはり職場における不平等感も18歳～29歳のほうが高くありません。これは女性だけ見ても同じデータであるといえます。その結果、女性は子どもができても職業を持ち続けるほうがいいと思う人は18歳～29歳では48%ぐらいなのですね。それが30代、40代になると10ポイントぐらい上がります。

こういう傾向は10年前、20年前にも同じようにあります。若い人は子どもができて仕事を続けたい場合、社会や家庭で厳しいという感覚は20代のときにはあまり切実に持ちにくいということが理解できます。

どんな人生を歩むか、どんな選択肢を歩むかは個人の選択ですし、いろいろ予期せぬことも起こります。そういう中で、自分に守るべき子どもがあったら子どもも守って生きていかなければいけないわけで、そういうものに対応する能力をつけなければならないということを若いうちから直視することが重要ではないかと思います。

女性活躍推進法の施行（２０１６年）

時間がかなり押してしまいましたが、政府も頑張っているということをご紹介したいと思います。環境整備ももちろん重要ですが、もうひとつはポジティブアクションをやっていくということです。私どもの五カ年計画でも女性が管理職を何パーセントにするのか。その前に女性係長を何パーセントにして人材層を厚くするのかという目標値を立てて施策をやっていこうとしています。

女性活躍推進法という法律を今年（２０１６年）の４月から施行しました。公的な機関と３０１人以上雇っている大企業は数値目標を一つ以上含む計画を作って公表しなければいけないということで、99％を超える大企業でこの計画を作っていただいています。そして、このような法律に基づいてしっかりやっている企業だと認定されたところは公共調達の入札のときに加点し、その規模を5兆円にすることでインセンティブをつけようとしています。

それから「見える化」ということで、企業はどういう女性の状況なのかということをこれから就職しようという学生などにも見られるような状態にする。そのことによって学生は選択できるということを進めようとしています。もちろん企業に就職するだけでなく起業するというのも非常に重要な選択肢です。特に女性はいろいろなライフイベントがある中で、起業はこれから非常に進めたい施策でもありますので、起業の支援を進めようとしています。

男性の家事労働時間と「働き方改革」

経済と裏腹なものとして家庭の問題があると申し上げましたが、なんといっても、これもおそらく韓国と状況が似ていると思いますが、男性の家事時間が非常に短いということです。欧米の国も日本も韓国も、妻と夫の家事や育児を合わせると1日平均あたり9時間程度必要だということはどこも変わりません。そして欧米諸国はだいたい妻が6時間で夫が3時間ぐらい。だいたい2対1です。

国連はその2対1も非常に問題視しているのですが、日本の場合はこれが7対1です。女性は7時間40分で、男性は小さい子どもがいても1時間7分ですから、この比率を変えていかないと女性がこれ以上に社会で活躍することは難しい。ただ家庭の内側の問題は非常に難しい。いままでもイクメン（子育てに積極的に関わる男性）とかイクボス（イクメンを職場で支援するリーダー）など啓発的活動や、育休の充実などしてきましたが、なかなか変えられないことが大きな問題です。

国際社会の取り組み

最後に国連のＳＤＧｓ〈持続可能な開発目標（Sustainable Deralopment Goals）〉についてです。17の目標のうちゴール５がジェンダー平等、女性のエンパワーメントなのですが、日本はこのＳＤＧｓが去年９月に国連で採択されてから初めて開催されるＧ７サミットの開催国として、女性のエンパワーメントはそこだけで考えるのではなくすべての政策で考えるべきだという考えに則り、すべての関係閣僚会合で女性の話題を議題に取り上げました。こういった取組みは国際的にもたいへん評価をいただいているところです。国際社会とも一緒になって取組みを進めていきたいと思います。

（２０１６年11月５日）

「シンポジウム配布資料」

恵泉女学園大学の「生涯就業力」

女性として、
凛として、美しく生きるために、
自分らしく生きる力を磨くことが大切です！！

恵泉は……

- 小規模だけれど評価できる女子大　全国９位
- 就職に力を入れている女子大　全国６位
- 入学後に学生の満足度が高い女子大　全国５位
- 入学後に生徒をのばしてくれる女子大　全国４位　(関東圏２位)

参考　１位：津田塾大学

あなたが生涯オンリーワンの花として咲くために、

何を学び、何を身につけることができるでしょうか？

「生涯就業力」ってなに？

「生涯就業力」、何を・いかに学ぶ？

「生涯就業力」を身につけるには？

「生涯就業力」をチェックする！

なぜ恵泉は「女性の生涯就業力」を大切にするのか？

❶

「生涯就業力」ってなに？

「生涯にわたって自分らしく生きる希望を持ち、
目標を探し続け、自分らしく生きる力」

女性の人生は長く、変化に富んでいます。
お母様をはじめとする、身近な女性の方の生き方を思い浮かべてみてください。
結婚や子育て・介護などのライフイベントで、人生設計をさまざまに変えて
いらっしゃいませんか？
女性活躍の時代と言われていますが、女性の人生の行く手には今なお、
さまざまな壁が立ちはだかっていることも現実です。
資格やスキルをもっていても、それだけでじゅうぶんに活躍できるわけではないのです。

だからこそ、**生涯にわたって自分らしく生きる希望を持ち、目標を探し続ける力**を磨くことが大切なのです。

それは、**女性として、凛として、美しく生きる**ためです。
そのことが自分を大切にし、ひいては周囲の方々を幸せにすることにつながるのです。

この生涯就業力は大学生活４年間で完結するものではありませんが、
まず恵泉での大学生活４年間で身につけていく「生涯就業力」は……

- **基礎的な知識・理解・技能**
- **現状を把握し、たくましく解決し続ける力**
- **他者と共に歩み、共に生きていける力**

恵泉ならではのステップで身につけていくと、
卒業後もずっと、自分らしく生きる力を磨き続ける女性でいられるはずです。

「生涯就業力」、何を・いかに学ぶ？

恵泉の生涯就業力の学びはシンプル。３つのステップで学んでいきます。

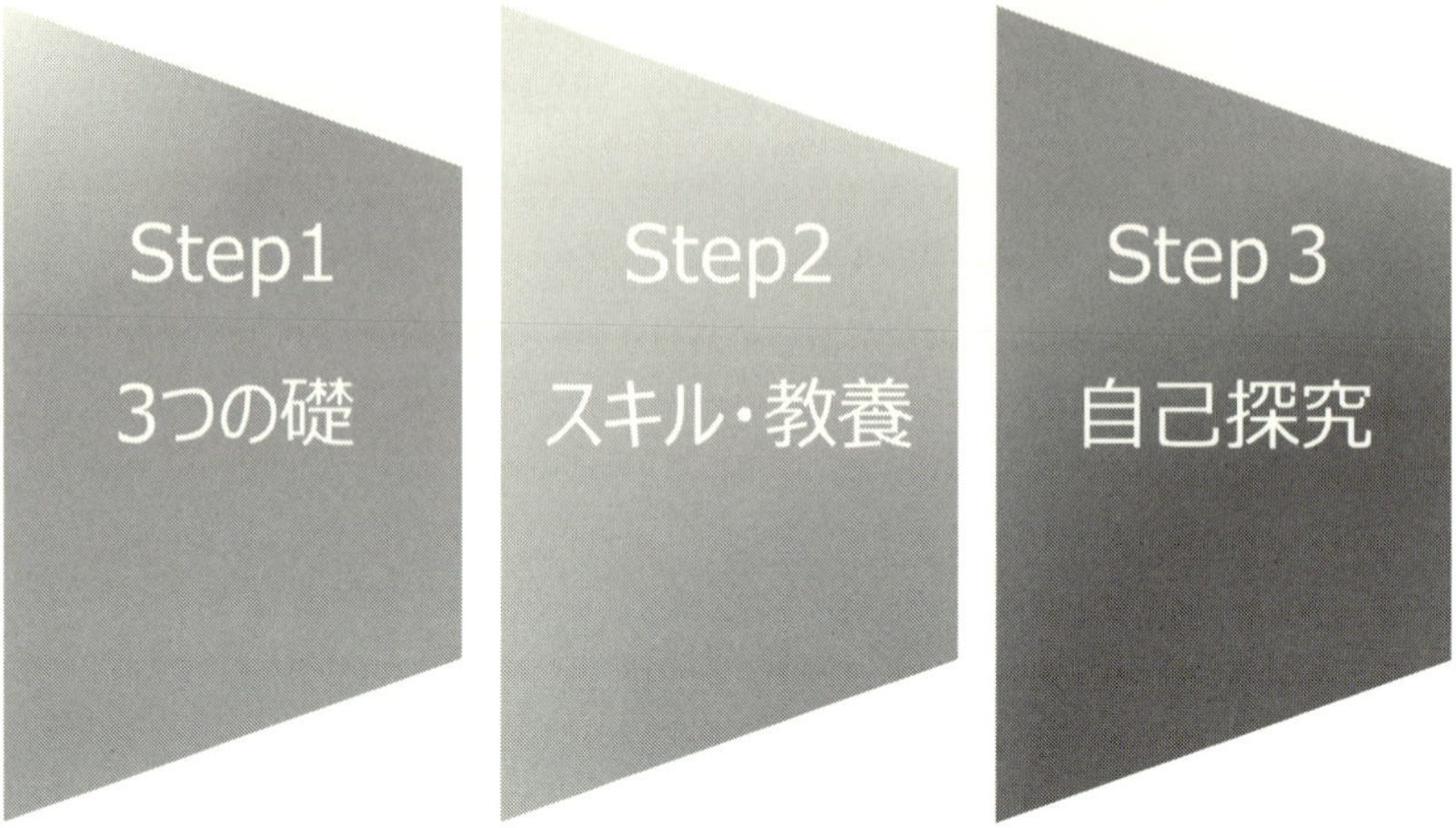

「３つの礎」から学ぶ：「聖書」「国際」「園芸」の基礎必修の授業を通じて、生き方・学び方の基礎を学ぶ。

「スキル・教養」を身につける：教養科目・専門科目、スキル修得や体験学習を通じて、社会に出たときに必要とされる基本を身につける。

「自己探究」で知る：自分が修得した知識や能力を、ゼミ活動や課外活動の中で確認し、成長・変化した自分を知る。

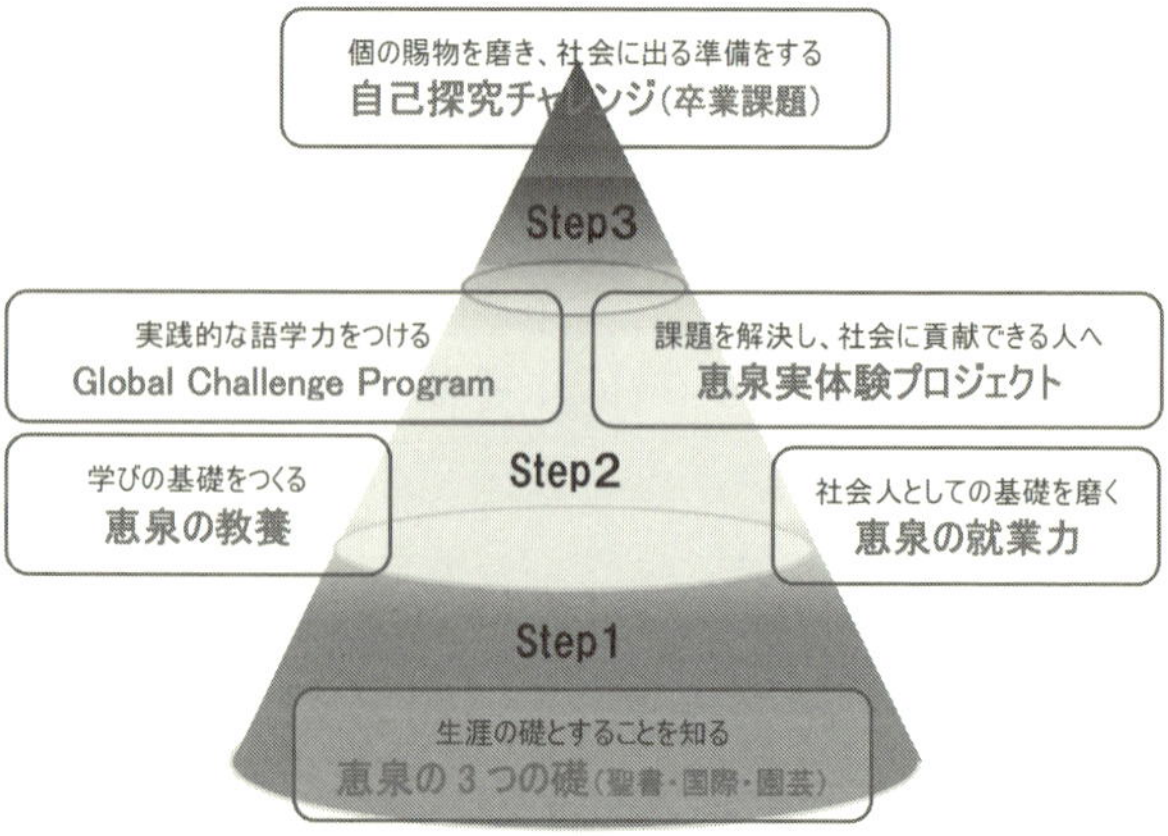

❸

「生涯就業力」を身につけるには？

３つのステップで「生涯就業力」を身につけることは、決して難しいことではありません。
ステップを踏んで学び、興味・関心のあるものを見つけながらプログラムに参加し、
サポートを受けながら進んでいくことで、身についていきます。
「恵泉だからこそ」のサポートを120%活用して、確実に身につけていきましょう！

サポート	通常カリキュラムサポート	特別課外カリキュラムサポート	卒業後サポート
どんな？	少人数教育 ゼミ 学年担任･学修支援	一技卒業	社会活動支援 相談 生涯就業力講座
誰が？	教員･職員 先輩	教員･職員 社会人	大学 地域団体 NPO

少人数教育：教員一人当たりの学生数は　22人。
教員とのコミュニケーションもとりやすい距離です。
また、ゼミは１年次から４年間あり、先輩・後輩のつながりが生まれる
きっかけがたくさんあります。

学生サポート体制：ゼミ担当教員（学修アドバイザー）だけでなく、
学年担任もひとりひとりの成長を見守りサポートしています。

一技卒業：大学で専門知識を身につけるだけではなく、
ほかでは修得しにくい「一技(いちわざ)」を身につけてほしいと願っています。
おもてなしの作法、対話の仕方、発想法、日本の伝統遊びなど……
特別課外の講座を準備中です。

卒業後サポート：生涯就業力は、大学４年間で完結するものではありません。
「生涯学び続ける卒業生」のために、地域社会とも連携しながら
応援していきます。

❹

「生涯就業力」をチェック！

卒業するまでに、どの授業でどんな力が身につくのか？　自分の成長が実感できるよう、学期ごと・学年ごとにチェックします。

「身についた力」を確認していくこと、そこで得られた達成感こそが、あなたの自信——生涯就業力のひとつになります。

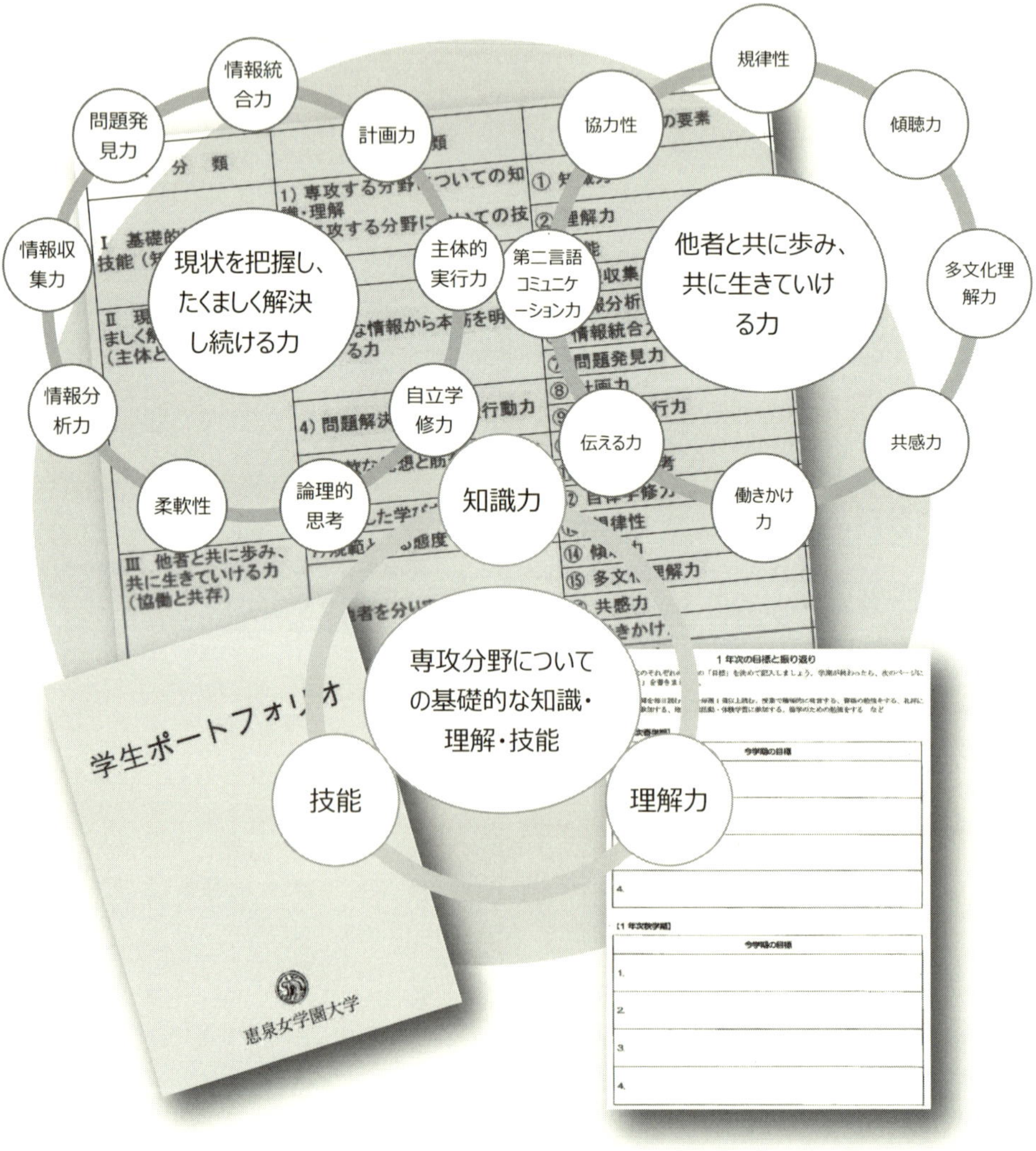

❺

なぜ恵泉は「女性の生涯就業力」を大切にするのか？

大日向雅美学長は、女性のライフスタイルと心理発達が専門。
40 年余りにわたって全国各地で 6000 名余りの女性たちの声を聴き聞き続けてきました。
女性にとって母となる喜びも大切にしたい。でも、結婚して母となったとたんに、
周囲からは母親として以外の生き方を認められない虚しさと苦しみを味わう女性たち、
女性活躍の時代と言われていても、「女性は」「母は」という固定的な「女性観」「母性観」
のプレッシャーを感じ、自分らしさが見えなくなっていくと悩む女性たちの声を――。

結婚、出産、育児、介護……

女性はライフイベントによって生き方を左右される可能性が男性よりも大きいのです。

現在は、地域の子育て支援や企業のワークライフバランスなど、
女性が生きやすい時代に向けて、女性のための政策・制度が整えられつつあります。

だからこそ、今、**一番大切なのは、女性たち自身の意識**だと恵泉は考えています。

なにがあっても　どこにあっても
しなやかに　強（したた）かに　自分らしく生きる

どんな時代にあっても、どんな場所に置かれても、自分らしく生きていくこと。

上手に制度を活用しながら、周囲の力も借りながら、自分らしく生きていく道を探ること。


「求めなさい。そうすれば、与えられる。

探しなさい。そうすれば、見つかる。

門をたたきなさい。そうすれば、開かれる。」　（聖書・マタイによる福音書７章７節）

学生が求めようとすることに、恵泉女学園大学は誠実に応えます。

学生が探そうとすることに、大学は懸命に寄り添います。

門をたたいてくだされば、大学はいつでも門を開く準備をしております。

あなたが「いつ・どんなときに・どこにいても」自分らしく生きていきたいと考えるなら、
その**人生の道のりの中で、恵泉での学びは必ずあなたの力に**なります。

恵泉女学園大学
多摩市南野 2-10-1
http:.//www.keisen.ac.jp

基調講演

韓国女性生涯就業の現状と大学の役割
――韓国社会と梨花女子大学校の場合

金 善旭

皆さんこんにちは。きょうは皆さんにお会いできて本当にうれしく思っております。紹介にあずかりましたが、私は梨花女子大学の教授であり、梨花女子大学の卒業生でもあります。恵泉女学園大学は女子大学であり、キリスト教精神を持っている学校であるということ、私たちの梨花女子大学にもチャペルがあるということで共通点を感じています。

女性の「生涯就業」にとって大学が果たすべき役割とはなにか

韓国の女性雇用の現状と女性の経済活動参加率

きょうのテーマは女性の「生涯就業力」のために大学の果たすべき役割は何かということです。女性の経済活動の現状はその社会の性平等のレベルを見せてくれるものです。

どれほどの女性たちが経済活動に携わっているのか。男女の賃金格差はどのぐらいなのか。そしてその社会に女性が結婚、出産、育児などで職業活動を中断しないで持続できる十分な政策があるのか。仕事と家庭が両立できる政策が男女それぞれの労働者たちに保障されているのか。政府と企業の政策決定に女性がどのぐらい参加しているのか。このように女性が平等に経済活動をし、経済的な能力を持つことは性平等な社会を作るのに重要な要因です。

しかし、これらが実現するためには、女性に平等で十分な教育が条件付けられるべきです。女性が生涯就業者になるということは、社会が女性を生涯仕事ができる完全な労働者として認識するときに可能です。女性は家庭の負担がない若いときにだけ仕事ができるとか、男性の収入に対する副収入として女性は働くものだとか、家庭の事情によって女性は家庭を守るべきだという認識がある限り、女性は完全な労働者として認識されません。

大日向学長の基調講演にもそのような問題提起がありましたが、私たちが今日話したいのは単純に女性の生涯就業力のことだけではありません。私たちがこの問題をどのような形で多面的に深く考えていくのかが大切だと思います。

韓国の女性の雇用の現状、そして雇用の障害の要因、問題点とそれに関する政策などを簡単に紹介します。最後に梨花女子大学が学生の生涯就業のために設けているプログラムを紹介しながら、高等教育の役割に関して述べます。

韓国における女性雇用の現状

韓国の国家性平等指数の変化の推移をみると全体的には改善されていることになっています。特に教育分野では女性の平等性が高まっているようには見えます。しかし経済活動や安全では非常に数値が低くなっています。主な国家の経済活動における女性の参加率を見ると韓国は57・9％の参加率で、日本は韓国よりは高いように見えます。大学卒の男性の経済参加率は92・5％ですが、大学四年卒の女性は64・2％にとどまっているのが現状です。

基調講演でも日本の女性のM字型曲線が言われましたが、韓国でも女性にM字型が現れるという特徴が共通点であります。そして女性の結婚が遅れること、出産、育児の年齢が遅くなることがこのようなM字型の中のもう一つの特徴です。そして女性の非正規雇用率が非常に増えていて、特に女性は時間制やパートタイムの不安定な労働環境におかれています。

この影響で女性と男性の賃金格差も毎年広がっています。現在の賃金格差は男性を100とすると女性は63％です。この格差が日本では26・6％であると聞いています。もちろん女性は就業の問題においても障害がありますが、特に家事や育児によって就業が断絶される問題が指摘されています。50代以上では結婚以降の生活によって断絶される傾向がありますが、最近は若い人の出産、育児での断絶現象も見えています。

キャリアの断絶が生まれる理由と社会復帰

30代以降の女性の約半分が経歴やキャリアの断絶を経験しています。育児が終わって最初に社会復帰するとき、その業種は以前より悪化しており、劣悪な環境で再就職しているのが現状です。事務職は減ってサービス職が増え、従業員の数も少ないところへ就職しています。

このような女性の就業の阻害要因はなんでしょうか。一般的に指摘される原因として育児、家事負担により、キャリア断絶後の社会復帰が難しいことや性差別などの社会的な偏見の問題などがあります。次に、女性の就業の阻害要因としてよく言われる四つの要因を見て、韓国とOECDの国を比較してみます。

OECDの国々の平均ですが、韓国は最初、就職の段階では非常に高いレベルです。けれども、それが持続できたり社会復帰するレベルはOECDの平均より低いです。さらに経済活動において高位職、代表職のレベルも非常に低いのです。

それでは、社会復帰において、特に成年女性、若い女性たちの社会活動の現状はどうでしょうか。成年女性の場合は、まず労働市場に入る前、そして労働市場にある段階、その後に再復帰するときの問題があります。まず労働市場に入るときには、社会的に女性は人文系が多いので、社会で要求している工科、理科分野に専門職が少ないことが社会進出において阻害要因となっています。そして就職のときには男性中心の採用をする社会傾向、女性に対する差別的な要因もあると思います。

社会に再復帰をして、キャリア断絶から復帰するときには、企業内にその女性の社会復帰に対する差別的な認識、条件があることも問題になっています。もちろん昇進や配置の問題もありますし、社会的な性差別、セクハラなど女性が持続的に社会活動できない要因となることもあります。

韓国の女性雇用政策

それでは、韓国政府の支援政策を見てみます。法律とも関係があります。女性政策では1995年に女性発展基本法が整備され、2015年に両性平等基本法に全面改正されました。そして韓国で87年に男女雇用平等法ができ、約20年たって2007年にようやく働く家庭両立支援という内容に変わったところです。2008年になって韓国社会でキャリア断絶女性の社会復帰を支援する法律が整備されました。それ以外に99年、女性が企業を起こす支援法、第一次産業（農林水産業）に従事する場合の支援法、そして女性の科学技術者を育成する支援法なども整備されています。

韓国政府の中には女性家族部という部署があり、女性や家族を支援するものと、キャリア断絶をする女性の社会復帰を支援する二つの軸で政策が実施されています。育児に対して社会的な責任を共有することと、男女の仕事と家庭の両立を支援するという二つの側面で行われています。

女性部、労働部とは別に、教育部、未来部というところでは、現在、女性の科学技術者の養成支援法あるいは大学教育に関する支援法、そして女性を社会や就職とつなげるような支援法などを整備しています。

では、キャリアの断絶を予防する支援には何があるでしょうか。このキャリアの断絶を防ぐために女性側が要求していたのは、まず良質な労働を確保したい、年齢差別をなくしてほしい、そして国立保育園などの施設をもっと拡充してほしいという要望です。このような当事者たちの要求に合わせた政策が実施されようとしています。

しかし、これらの要求事項はまだ就業していない大学生などの女性からのもので、現在、仕事をしている女性たちがキャリア断絶を防ぐために要求している案とは微妙な差があります。

これに関連して具体的な二つの政策を共有したいと思います。この要求に合わせて「新しい仕事センター」を韓国の女性部が作りました。これはキャリア断絶されている女性たちが窓口に来て相談し、教育を受けて、仕事と連携した就職支援を管理する仕組みです。しかし、ここの問題は紹介される仕事が制限されていて選択の幅が狭いことです。

政府は女子大学生のためにいくつかの大学をモデルとして女子大学生キャリア開発センターを支援しています。これは成年女性がキャリア断絶なく持続的に仕事できる支援を、政府と大学が連携して行う仕組みです。

大学の役割　梨花の事例―キャリア開発センター―

現在、梨花女子大学で実施しているプログラムを紹介します。梨花女子大学の卒業生たちの進出分野です。現在、梨花女子大学に工学部ができて20年が過ぎました。工学出身の女性、卒業生を育成するための支援を中心に行い、国家公務員になるための試験を受けようとする学生たちへの支援を増やしています。現在、梨花は韓国の国家公務員試験の合格者の中の私立大学トップ5以内に毎年入っています。各分野の公務員試験では主席合格者を多く輩出しています。

現在、就職率が61・5%、大学院や留学などの進学率が20%で、81・5%ぐらいの社会進出率を見ています。国内企業30の大企業で一番多くの女性CEOを輩出した学校でもあります。韓国の国会議員の中で女性議員の比率は17%ですが、女性議員を最も輩出している大学でもあります。

現在、男女共学の大学ではだいたい4割ぐらいの女性が社会進出しています。それと互いに補いながら、梨花女子大学でもっと力を入れたいプログラムを紹介します。まず、梨花女子大学に新しくキャリア開発センターを置きました。ここでは就業支援のための専門的な相談を受け、実際にそれを教育、開発するための研究をしています。ここでは国家公務員試験準備クラスも支援しています。

卒業して起業、創業するための支援センターがあります。これは、新しいアイデアに基づいて企業を起こしたい学生に対し、技術支援を含めて教育支援などを行います。教授たちと一緒にチームとなってベンチャー企業を起こしたケースもあります。

最後にグローバル生涯教育院です。これは成人教育なので、主な狙いは梨花女子大学を卒業した卒業生たちのための支援プロジェクトです。ローカルの、地域の女性に対する支援プログラムも入っています。梨花女子大学の学位を認める課程もあれば、ただ単位認定証がとれる課程もあります。この生涯キャリア教育院は１９８４年、韓国で初めて梨花女子大学が始めたプログラムです。

さらにもう一つ、リーダーシップ開発院というプログラムがあります。これは梨花女子大学校を卒業した政治家、あるいはＮＧＯスタッフ、企業関係者などを呼んで、中間管理者として女性に要求される教育を行うところです。ここでは社会進出する前に女性同士で社会にネットワークを持つことの大切さを学びます。

次に大学のカリキュラムにおける科目群です。これは、学生が未来設計教養科目という科目を設置し、まず経歴、リーダーシップ、グローバルな能力、など自分の人生を設計するような科目群で科目選択ができます。梨花女子大学が誇りを持って言えるのが、韓国の女性学におけるセンター的な機能を果していることです。

韓国で初めて女性学が教養として科目に設置されたのは１９７７年からです。そして学内の学部の連携として88年から女性学部設置と同時に連携専攻科目を開設しました。そして80年からは大学院の修士・博士課程も設置しました。ですから、梨花女子大学の学生は、４年間で女性学に関連する科目を必ず一つ以上履修して卒業することになります。

このようなことで社会が変わるとは思っていませんが、最低限、女性が社会に出て社会を平等にするために自分の使命感として性平等の認識を持ってほしいということです。最近は学生個人個人に合う、個別のオーダーメイド型の学生管理プログラムがあります。大日向学長の基調講演の中にあった、激変する社会に合わせた一人ひとりに合う教育プログラムの一つの挑戦でもありますが、この中には学校の多様なカリキュラムの時代的な変遷の要因も反映されています。これには4年間の学生個人の専門的なデータが蓄積され、その学生が時代に合う進路を決められるような管理システムになっています。

何があっても最後まで諦めない

時間の関係でいくつかの事例しか紹介できませんでしたが、実はこのように、女性の教育は大学を中心にしても、大学だけではできないものです。政府、企業、政治家たちが、社会的連帯によってこのように大学と連携することが大切だと思います。

まず政府は性平等を保障する政策を実施すること、企業は性平等で企業の組織文化を作る義務があります。そして女性の社会への対応性が高まり、すべての社会政策に女性が参加して意見が反映される構造をつくることが大切です。

このような変化のためには社会意識の変化が重要で、そこにはメディアやNGOなどの連帯活動も必要です。大学としてはこのような活動ができるように女子学生に対するエンパワーリングが必要であり、そのために大学の高等教育の責任があると思います。

日本も韓国も性平等社会、性平等雇用を成し遂げるためには多くの課題が見られます。先ほど韓国30企業の中で女性CEOを梨花女子大学が一番多く輩出したと申し上げました。そこで、もう卒業したCEOを呼んで現在の学生たちと会話をするプログラムをもちました。そのときにこの先輩たちの学生たちへのたったひとつのアドバイスは、「なにがあっても最後まで諦めないこと」でした。この先輩たちが後輩に残す唯一の言葉が「絶対諦めない」ことでした。これまでどれほど悩み、苦痛、涙、汗の中で逆境に耐えてきたか、なぜ今CEOとして成功しているのかがわかる言葉でした。

本日ここにも若い人がたくさんいます。このように差別的で、女性に友好的ではない環境に出会ったとき、それは決して個人の問題ではないということを覚えておいてください。おびえないでください。このような問題は、実は私たちの社会が持っている家父長制の残滓《ざんし》で、根深い社会構造の問題なのです。諦めないで努力してほしいのです。ですから、一人ではなく社会的に連帯し、社会的、政治的に一緒に解決していく知恵を絞る努力が必要です。大日向学長の言葉にもあるように、しなやかな、長い持続的な諦めない力を持ってやっていくことが大切なのです。

生涯就業力を実現するためには、まず大学生が女性主義的な意識とリーダーシップを持ち、自分の分野において専門的な力量を身につけること、不平等な社会の現在の環境を克服し、より平等な社会を作っていく使命感を持つこと、女性にとってそのようなエ

左から 中山洋司恵泉女学園学園長
金善旭元梨花女子大学校総長
大日向雅美学長
李泳采准教授

ンパワーリングをするために、大学の教育がなにより大事だと思っております。

これこそまさに女子大学の高等教育が果たすべき教育の特別な目標であり、女子大学が存在する理由であると思います。

（2016年11月5日）

基調講演 抜粋

韓国女子教育の現状と課題

金恩實

恵泉女学園大学でも、女性学に関する検討は必要だと思います。

例えば、今、梨花女子大学の歴史は135年です。1990年の冷戦崩壊後の世界で女子大学の教育はどういうことを目指していくべきでしょうか。

韓国では次のような論争がありました。近代100年、実はこの近代といわれる時代において、女性たちはこの社会の中に組み込まれている存在でした。100年の間、女性たちは男性中心の社会構造の中で周辺化されて、その仕組みの中に存在するだけでした。しかし100年後の現代ではその社会の仕組みは変わるべきではないのか。現代には、女性学者もいれば女性政治家、官僚もいる。女性たちが政策さえも決められる時代に女性の教育は何を目指すべきかという論争です。

これが女性学にとって重要な大学教育のあり方の論争にもなります。韓国社会における90年以降の女性学をめぐる高等教育の論争をみてみましょう。

先ほど説明したように77年に初めて梨花女子大に「女性学」という科目が設置されま

した。75年は国連で「国際女性の日」が制定された年です。もちろん、制度的に国連の「国際女性の日」の制定は大きな影響がありました。「女性と発展」という概念から始まった女性学です。ですから1977年、初めての女性学の始まりは「西洋から学ぶ近代化の女性モデル」でした。西洋の女性をモデルにした韓国の女性学という、このあり方は未だに韓国で女性のあり方をみる重要な論点になっています。

1980年代の韓国で「女性学」は、西洋のものなのか、韓国的なものなのかという論争になりました。全ての理論には普遍性があり、その普遍的なものは西洋的な考え方に決まっていると。韓国の女性学というのは、周辺的あるいは抑圧的なものなのかという問題提起です。例えば、国家や民族の発展と離れた女性学は存在するのかという問題です。80年代に作られた「女性発展」という概念は、国家と民族の近代化に貢献する女性を目指すものであったので、国家と民族の発展から離れた女性学というものを考えるためには、その仕組み全体に挑戦しなければいけないという問題提起でした。

これは日本でも同じ論争があったと思います。90年代になりますと、普遍性と特殊性、理論と実践の問題などが論争の論点になります。冷戦終結後の1990年、韓国社会は国際社会とつながる時代になります。88年ソウル・オリンピックの影響もありますが、94年韓国は国際貿易機構（WTO）に加入します。そして外国人女性労働者たちが韓国に出稼ぎに来るようになり、また田舎の農家に嫁に入る韓国人女性がいなくなり、外国人女性が結婚しに来るケースも増加します。

１９９５年以降は日韓で文化協定が締結されます。この日韓の文化協定によって日本の大衆文化が韓国にも入ります。そして研究者たちの交流も増えます。韓国は長い間共産主義国家との交流は無かったのですが、韓中国交正常化（１９９２年）によって共産圏の中国の文化も入ります。そして１９９０年、アジアは韓国の商品の輸出先にもなります。韓国は国際会議に比べてアジア会議に大きく投資をしていきます。このように90年代にアジアとは何かという大きな問題提起がおこったのです。

アジアカテゴリの台頭

こういうアジアはまだ、西洋的な近代化の発展にはなっていないのですが、なんらかのアジアという抽象的なイメージが作られます。95年にアジア女性学センターを設立しながら、私たちが持っている「西洋的には遅れていても、でもまだ経済的な存在だ」というこの「アジア」という概念を、根本的に変えるべきだという問題を提起しました。今までの「アジア」がもつ「経済的に遅れている」「植民地にされている」「低発展している」、そのようなイメージを、我々は「多様な夢のアジア」に変えるべきだと、そしてアジアはもっと論争されるべきテーマだと主張しました。

それは97年以降、アジアとの交流で感じていたアジア自身の互いの違い、お互いに感じている不平等意識、これを何らかの多様性、そして多文化的な理論に変えるべきだという論争です。このようにアジアは遅れている国々ではなくて、多文化的で、越境的で、そして多様性に満ちたこのような要素を持つアジアを、私たちは作っていくのであれば、これを互いにどう受け入れることができるのか、これをEGEP、このプログラムでお互いに議論してみましょうという新しい挑戦です。

これが現在、国境を超えるアジア女性学がどういう形でアジア女性と連帯していくのか、この可能性を模索するEGEPプロジェクトを成立させている問題意識です。

グローバル化、国民国家の境界を超えたトランスナショナルなフェミニズム

「トランスナショナル」、この概念はグローバル化、多文化を共有する現代を背景とせずに説明することはできません。世界でグローバル化を学問として語る代表的なジグムント・バウマン、デヴィッド・ハーヴェイといった研究者たちは、ヒト・モノ・カネのイメージなどが、空間を利用して世界はひとつのマーケットにさせられている。そしてその中でも国民国家の境界が弱体化し、そのグローバルの中でもローカルの方が無力化され、全ての文化が同一化されてしまうという問題を提起しています。

中心による一方的なグローバル化に対する（フェミニスト）の挑戦・グローバル時代のローカルと場

しかし多くのフェミニストたちは、この「中心」と「周辺」の世界観に対して抵抗し、挑戦しています。この世界的な資本主義のグローバル化は、今現在、差別的に行われて

いるものの、必ずしも、必然的な課題ではないというものです。

この地球化という「グローバル」の理念は、異なる存在をお互いの違いがないように見せていますが、実はその矛盾は隠ぺいされているのです。しかし、このローカルにおける社会関係には特殊な特徴があり、これを社会的に再構造化していくことが、実はグローバル化を多様性につなげていくのだという主張です。

このようなローカルの多様な挑戦によって、ジェンダー問題もグローバル化において、多様なあり方が存在するということです。このような世界的なグローバル化を必然的なものとするのではなく、ローカルの中で新しいもう一つのグローバル化を作る可能性もあるということです。ですから、この女性学から見た「グローバル」という概念は、全ての矛盾を隠蔽するというよりも、異なるローカルをお互いに連携させるもう一つのグローバル化を作るということであり、これがＥＧＥＰの目的ではないかと思います。

グローバル化と多様な社会運動

最後にアクティビズム、行動主義というものは何か。こういった新しい関係のなかで、新しい活動に参加することにより、新しい時代の問題意識をもつ主体が発掘されるということです。

このトランスナショナルな越境する活動は、同じ国の中でも矛盾のもとでお互いに出会えなかった人々が、このプログラムに参加することで、国内問題と国際問題を同時に共有できる場になっています。

今、世界的なさまざまな矛盾は一国では解決できません。ローカルなさまざまな問題を認識できる人材が必要です。恵泉での園芸、平和教育が大切なのは、そういった多様な問題に適応できる教育の可能性があるからであり、実際に、この大学は既に実践していると思っています。

新しい時代の課題に関して、単純な問題意識だけでは解決できない時代に、ＥＧＥＰというこのプログラムはローカルなアジアの地域をつなげて、新しい人材が新しいアジアを作っていく、そういう場を提供するプログラムを目指しています。このＥＧＥＰは、まず、大学の教育プログラム、市民団体、そしてグローバルな団体などが連携して新しい時代を拓く、挑戦的なプログラムを考えています。

少し延びましたが、ここまで説明させていただきました。質問の際に、またお付き合いできればと思います。どうもありがとうございました。


（２０１７年7月17日）

座談会

本当に女性が生きやすい社会になっているでしょうか
～#Me too 運動の広がりと韓国社会における女性のネットワーク～

金　恩實（キム・ウンシル）・梨花女子大学教授、アジア女性学センター長
内海　房子・国立女性教育会館理事長
大日向　雅美・恵泉女学園大学学長

〈大日向〉　今日はお忙しい中、そして、お暑い中、キム先生、内海先生にいらしていただきまして、本当に有難うございます。先ほど、梨花女子大学はキム先生主催の大きなイベントもwなさっている最中と伺いました。そのような時に恵泉のシンポジウムにいらしてくださいましたこと、感謝申し上げます。

本日は午後にシンポジウムが予定されております。その前にお二方とご一緒に語り合うひとときをもたせていただければと思いまして、この鼎談を企画いたしました。まず、なぜジェンダーの問題に取り組もうとされたのか、そのきっかけについてお二人にお伺いいたします。

ジェンダー問題に関心を向けたきっかけ

〈キム〉　最初はジェンダーの問題というより、社会に対する研究でした。社会でなぜ人々はこういう行動をするのか、こういう考え方を持つのかに興味があったわけです。例えば会合に行くと、いつも聞いているのは女性で、話をしているのはほとんど男性。私自身を考えてみても、自分が尊敬している人は男性が多かったわけです。

最初は、これは女性個人の問題で、構造的な問題だとは思っていませんでした。しかし女性学に関する本を読んでみて驚きました。歴史的な問題、男女差別の問題は社会構造的な問題であることに気づきました。

私の専門は人類学ですが、人間はなぜこういう行動をとるのかという関心が、やがてなぜ人類は女性と男性に区別され、歴史的な役割が配置されているのか、偉大な思想家は男性ばかりで、なぜ女性がそういうふうになれなかったのか、というような問題に興味を持ったことがジェンダーへの関心へとつながったわけです。

〈大日向〉　人類学の「人（ひと）」は人間ではなく、男性だけだったという疑問がスタートだったということですね。

内海先生は日本の男女共同参画推進のシンボルタワー（国立女性教育会館）のトップにいらっしゃいますが、なぜジェンダーに関心をお持ちになられたのですか。企業人でいらっしゃいましたね。

〈内海〉　会社の中で女性が働いていくうえで考えざるを得ないのは、男性と女性では、なぜこんなに扱いが違うのかということです。１９７０年代でしたが、当時の会社はどこもそうだったと思うのですが、男性が主だった仕事をして、女性はその支援、補助的な仕事をするという立場でした。そこに私自身は技術者として入っていったのですけれども、自分自身も上に立つ仕事が出来ないのか、女の人には出来ないのかと悩んだ時期がありました。そして、しかたなくジェンダー問題に首をつっこむことになりました。

環境は変化しているか

〈大日向〉　韓国と日本で国が違い、研究者と企業人という活躍するフィールドも違いますが、共通していたことは、なぜ男性と女性がこうも大きなギャップの中におかれているのか、ということへの問題意識だったのですね。それからほぼ40年近くが経ったわけですが、この間、女性と男性の置かれている環境は変わってきていますか？

〈キム〉　制度と法はかなり変わったと思っています。ただ、実質的な生き方、文化的な生き方などの質的なところはほとんど変わっていないと思います。しかし、今は平等な社会になったと考えている人が多いので、逆に不平等なことに関しては個人的な問題だと言われることがあります。ですから、今、韓国の若い女性世代は、不平等な問題にとても感情的になっていて、闘いたいという意識をもつ人々まで出てきています。

そのきっかけは、２０１５年に起きたある事件でしたが、それが韓国社会で今、ジェンダー戦争（Gender War）を引き起こしています。若い女性たちがＳＮＳで強くこの問題に関して訴え続けています。この世代は生まれたときから社会は男女平等であると教えられ、実際にそうであると思って育ったのですが、社会に出たとたん、不平等な社会であることに気づいたということです。男女関係も恋愛関係も結婚も、問題が多すぎる。インターネットを通してその感情を爆発させているのが、今の韓国の現状です。制度も法律も整備され、少子化の中で非常に大切に育てられた世代、教育も十分に受けて、平等な市民社会になっていたはずなのに、社会に出てみたら実は、女性は市民扱いされていないし、会社でも恋愛関係でも非常に不平等な扱いがあることに、新しい世代が今、挑戦しようとしているということです。

〈内海〉 日本も状況は似ていると思いますね。1985年に男女雇用機会均等法が成立して、翌年から施行されましたが、当時からまだ法律としては非常に未熟なところがあり、改正を重ねてようやく去年、女性活躍推進法に結びついたと思っています。そういう意味では制度も法律も整ってきているとはいえ、会社の中の風土とか、社会の皆さんの意識だとか、それはあまり変わってないというところがあり、それのことが、女性が男性と同じように活躍しようと思ってもしにくい社会になっているのだなというふうに私は感じます。

〈大日向〉 生まれたときから平等幻想にどっぷりつかってきたという点では日本も韓国も同じかと思います。日常的に女性が胸を痛めざるを得ない出来事がいっぱいあることも共通していると思います。ただ、韓国の若い女性たちは立ちあがった。一方、日本はというと、なかなか立ち上がらない。その違いは何なのかを考えたいと思いますが、そもそも、きっかけとなった事件とはどのようなものだったのですか。

立ち上がった韓国の若い女性たち――江南事件をきっかけに

〈キム〉　２０００年代になると韓国は新自由主義グローバル格差社会になります。男女の区別なく、解雇がほぼ日常化されていきました。男性たちから見ると、解雇となると自分たちは切り捨てられるのに、逆に女性は男女雇用平等法もあって、守られているように見えてしまう。そのようなこともあって、男性たちが高等教育を受けた女性に対して劣等感と敵意を持って攻撃するようになったので、２０１０年から２０１４年までの間に女性団体などはそのような問題に対する制度的な整備を要求していたのですが、ほとんど解決できませんでした。そんな中２０１５年、インターネットの中に〝ネガリア〟と呼ばれる強い女性の集団が現れました。それは男性たちをひどくからかったり挑発したりして男性集団をネット上で攻撃、男性グループと激しい戦闘状態になり、結局このグループは解散させられました。

その同じ頃に江南《カンナム》という、韓国で裕福な人たちが往来する場所で若い女性が刺されて死亡するという事件が起こります。この事件が女性一般に対する攻撃として捉えられて、若い女性たちの運動となり、韓国社会の新しいフェミニズムとしてうねりを起こしているのです。

〈内海〉　韓国の女性は強いですね。日本の女性は怒らない、爆発しない。その前にあきらめてしまう。たとえば家事も育児も全部自分で背負ってしまって、仕事との両立が難しくて仕事を辞めてしまうというケースが多いわけですが、なぜこんなに自分一人で背負わなくちゃいけないのと思いながらも、パートナーにそれを強く言えない。アメリカのある夫婦の話ですが、妻が「なんで私ばかりこんなこと考えなきゃいけないのか」と爆発したところ、「自分はこんなに家事も育児も手伝っていると思っていたけれども、手伝っているだけではだめで、ヘルプじゃなくてシェアなんだ」と夫が気づいたと。そのきっかけは、女性の怒りです。

　日本の女性はぐっと我慢して諦めてしまって、自分でやったほうが早い、男の人にこれやって、あれやってと頼むより、自分がやったほうが早いわ、といって自分でやってしまう。諦めるのであって、爆発しない、怒らない。この辺が少し違うのかと思いました。

〈キム〉　韓国は80年代から民主化運動をやって、90年代、いわゆる国民政府、市民政府などを自ら作った記憶があります。国民自らが社会を変えた、あるいは犠牲を払って貢献したという意識が強い中、ノーベル平和賞をもらった金大中政権、あるいは盧《ノ》武《ム》鉉《ヒョン》が民主政権を作りました。その中で90年代、女性運動はその土台として非常に活発な運動になり、2000年代保守政権に交代しても、女性の活動家には社会に対して私たちがここまで作ってきたという自負心があり、少し弱くなったとしても様々な社会的企業の中に実は女性運動が存在しています。その経験を、記録などを通して今の世代も読むことができるので、そうすると今の社会の後退に関しても、また何かができるんだという女性の強い意識が働く、継承できる段階に韓国はあるのではないかと思います。

ですから、女性がもっと社会に参加できるようにするためには、テキストとか知識がもっと必要なのですが、女性たちのこうした経験が社会や世界的企業などで活かされるような環境を早い時期から経験することが非常に大事だと思います。特に若い女性が新しい環境でなにができるのか、社会に出る前に想像力を持たせる、そういう教育が大学の中で必要ではないかと思います。

〈大日向〉 日本と韓国、女性の置かれている状況が似ているようでいて、問題に立ち向かう人々の意識とエネルギーが全然違うようですね。韓国の女性たちには社会を作ってきたという自負があるのですね。一方、日本はなかなかそれを持てないのかもしれません。それはなぜなのか、考え続けなければいけない宿題をいただいたように思います。とくにキム先生が言われたように、若い世代の女性たちが社会に出て何ができるのか、社会に出る前に想像力を持たせる教育が大学の中で必要だというご指摘にはとても頷くものがあります。

女性が声を上げるとき

そこで、午後のシンポジウムにも関連しますが、女性の高等教育機関としての女子大の役割に話題を移してみたいと思います。女性は社会にでてから様々な経験をするわけです。そのときにどう対処したらよいのかについて在学中から想像力と知識を養うことが大切だと、まさに今、恵泉女学園大学は考えています。そこで「生涯就業力」の育成という新たな理念を掲げて、生涯にわたって自分らしく、しなやかに、強く生きるための知識と技術、マインドの養成に力を注いでいるわけです。

（詳しくは http://www.keisen.ac.jp/evolution/）

こうした力を社会にでてから、どう発揮すべきかということですが、日本の企業をご存じの内海先生、いかがですか。

〈内海〉 内に秘めたものは持っていると思うのですけども、なかなかそれを表に出さないのが日本の女性なのかなと思います。よくよく話していると、あぁそんなこと思っていたのかというときもあるのですが、普段の様子からはぜんぜんそれがわからないというような、そんな人が多いような気がします。もっと掘り起こして、自分自身もそういうことに気がついていないような人も、自分にこんな熱い思いがあったのかとか、こんなエネルギーをもっていたのかとか、そういう気持ちをまず掘り起こしてはと思うのです。自分がこういう人間なんだとか、こういうところに情熱を傾けたいと思っているとか、今よく言われる自分探しではないですけども。

〈大日向〉 女性が声を上げるということでは、最近、保育園に子ども預けて働きたいと思っていたお母さんが、待機児童問題がおきて保育園に入れなかったという怒りのブログを書きました。それがＳＮＳで広まって、国会前でデモをやって政府を動かしていまず。

一方で、「そんなにまでして、なぜ子どもが小さいときに働くの？」という反発の声も一部に起きていることも事実ですし、専業主婦の人の中には、働くことへの支援ばかりが行き渡って、私たちは社会に役に立たないと言われているみたいと嘆く声もあります。さきほどキム先生がおっしゃっていた、一人の女性が刺されたということをきっかけに、若い女性たちがワーッと立ち上がるという動きは日本社会にはなかなか起らない、むしろ分断が先行していると言えなくもありません。

また、日本の政策も巧妙なのでしょうか、保育園を増やすためには財源がかなりかかります。そうするとどこからか、子どもが小さいときはお母さんが育てるのが一番ではないのか、といういわゆる三歳児神話の風が吹いてきたりします。そうすると女性たちは、「私、本当に育休明けで働いていいんだろうか」と苦しみます。社会みんなで保育を支えよう！という動きに、なりかけては後戻りするようなことがいつも起きていることを残念に思います。

〈キム〉　韓国では、たとえば女性が保育園問題で声を挙げたとしますね。すると、その後に韓国の女性知識人という人々がその個人の市民運動をテイクオーバーし（引き継いで）、それを女性団体などにつなげます。女性団体が、それが問題だと思ったら、国会議員を捜して圧力をかける。韓国では女性団体の人々のネットワークがひろく張られています。私の場合も自分の学生がＳＮＳで何か問題を提起すると、少し介入して、それが消えないようにします。女性の知識人にこれは政治化させるべきではないかということを提案して、そういう問題がまた女性団体とつながるようにサポートします。韓国では90年代以降、女性団体の推薦を受けた女性国会議員たちが、結構当選しています。ですからそのネットワークを活かすのが韓国の一つのパターンだと思います。

〈大日向〉　テイクオーバーしてくれる知識人というのは、どういう方々ですか？男女問わずいらっしゃるのですね。

〈キム〉　もちろんジェンダーギャップ、世代などのギャップはありますが、若い人の持つ問題に対して、たとえば私のような古いフェミニストなどでも理解する層がまだいます。そうするとその人々が声を挙げてくれると、男性のパブリックな知識人たちも、そこには加わってくるようになります。

〈大日向〉　女性たちの草の根的な声をテイクオーバーして、取り上げて社会を動かす中間組織の働きは重要ですね。ヌエック（国立女性教育会館）にも期待したいと思います。

〈内海〉　ヌエックは若い人達のエネルギーを結合するという役割を担っていると思っています。たとえばいろいろな調査研究をしながら、実態を正しく把握することが大切ですが、それが今非常に難しくなっていることも事実です。良くも悪くもネット社会です。事実を正しく見極めて、政策に対する助言ができればと思っています。

左から
大日向雅美学長
金恩實教授
内海房子理事長

世代を超えた連帯を目指して

〈キム〉　韓国にも実は様々な悩みと問題があります。たとえば社会が個人主義化されて、すべての面でコストや経済利益が優先されています。そうすると社会公共領域で社会正義を訴えるということ自体が、昔と比べて非常に周縁化されたり意味合いが変わってきたりして、社会的支援がだんだん薄くなってきます。フェミニストの人々や知識人たちが声を挙げても、それはあなたたちのビジネスだという形で、結局周縁化されてしまう。そういう課題にどういう形で対応していくのかという悩みもあります。

だからこそ、シニアの女性、フェミニストたち、運動家たちが、若い人々が改めて提案している女性問題、男女問題に一緒に結合して、その人々のエネルギーを今までの経験と一緒にあわせて、新しい何か、突破口をつくることが一番大事ではないかと思います。

〈大日向〉　韓国も日本も、制度や法律はある程度、整備され、女性が活躍できる、あるいはジェンダーギャップをなくす方向に、ベクトルは確かに向かっています。課題は人々の意識をそこにどうつなぎ、新しい時代に向けて展開していくかですね。今、内海先生がおっしゃったようにデータやエビデンスにをしっかり把握し、それに基づいた判断と行動が大切かと思います。また、キム先生には韓国の状況について、とても刺激と示唆に富んだお話をうかがえました。感謝いたします。これまでの時代を築いてきた世代が、その是非を精査しながら、次の世代にバトンを渡していく、それが教育の課題であり、企業現場の役割であり、ひいては社会全体の風土としていく大切さについて、今日は考えさせられました。

午後のシンポジウムでは、こうした話をもとに、さらに広くさまざまなお話を伺えることを楽しみにしております。

（2017年7月17日）

執筆者プロフィール

大日向 雅美（おおひなた　まさみ）

恵泉女学園大学学長　お茶の水女子大学・同大学院修士課程修了。東京都立大学大学院博士課程満期退学。学術博士。1989年より恵泉女学園大学に勤務。2016年から現職。

ＮＰＯ法人あい・ぽーとステーション代表理事。国の男女共同参画推進連携会議議長、少子化対策・社会保障関連の審議会等の委員を務めると共に、地域の子育て・家族支援のＮＰＯ活動にも取り組む。2016年男女共同参画社会づくり功労者内閣府総理大臣賞受賞。著書『母性の研究』『母性愛神話の罠』『「人生案内」にみる女性の生き方』など多数。

金 恵 淑（キム ヘスク）

韓国梨花女子大学校（第16代）総長。1886年大学創立以降初めて直接選挙により選出された。米国シカゴ大学より哲学博士(1987年）取得。梨花女子大学哲学科教授（1987年～）及び哲学研究所所長、韓国哲学会元会長、世界哲学連盟(FISP)運営委員及び世界女性哲学会（IAP ｈ）理事、元大統領諮問政策委員。韓国憲法裁判所諮問委員・大学教育協議会理事・ユネスコ韓国委員会委員（2014年～)、著書『女性と哲学』『カント 哲学の境界』『女性主義研究の挑戦と課題』など多数。

金 恩 實（キム ウンシル）

梨花女子大学校教授、前アジア女性学センター長。1993年米国カリフォルニア大学（UC）で学位取得、1995年から梨花女子大学女性学科で教鞭をとる。韓国の国民・国家形成と近代化過程における女性の変容をテーマに、女性の身体（「身」）に関する近代性、民族主義について研究を行う。現在はグローバル化、知識および権力と女性、アジア女性、植民地等をめぐって、ジェンダー学、近代文化史学の立場から広く研究活動を行い内外に発信を行っている。主な著作に『女性の身体、「身」の文化政治学』『性解放、性政治』(共著)「民族談論と女性」「植民地知識人ナヘソックの近代性を問う」など。

李 明 宣（イミョンソン）

梨花女子大学校教授、同大学アジア女性学センター特任教授。女性学博士。アジア - アフリカの女性活動家教育（Ewha Global Empowerment Program）を担当。「アジア 8 カ国のカリキュラム開発事業」「次世代女性学研究者の交流事業」など女性学研究と教育事業に参加。「韓国性暴力相談所」「アジアの女性学会」など女性団体や関連機関の諮問委員や理事を務める。共著に Asian Feminist Pedagogy and Women's Empowerment 、『グローバル時代のアジア女性学と女性運動の争点』など。

金 善 旭（キム ソンウク）

ドイツ、コンスタンツ法科大学大学院修了。法学博士（行政法専攻）。国家人権委員会、政策諮問委員会委員長、韓国法制処長（女性初）、韓国ジェンダー法学会会長、梨花女子大学校韓国女性研究院院長、韓国ドイツ同窓会ネットワーク理事長などを歴任。2010 ～ 2014 年第 14 代梨花女子大学校総長を務めた。在任中は学内に卒業生のための就業支援室を設置、女性の就業力を高めるための具体的な政策を実施。梨花女子大学法学専門大学院教授、韓独フォーラム共同代表。

山川 百合子（やまかわ　ゆりこ）

衆議院議員。恵泉女学園高校、恵泉女学園大学英米文化学科卒業。英国ハル大学にて修士号取得。NGO ピースウィンズジャパン（PWJ）のスタッフとして、主にインドネシアのパプアで人道支援活動のため約 2 年間駐在。2003 年埼玉県議会議員選挙に初当選以来 4 期を務める。2017 年 10 月衆議院議員選挙初当選。女性、お年寄り、子ども、障がい者、社会的マイノリティの切実な課題解決に取り組む。「光のあたりにくいところに、光をあてる」を政治活動の信条とする。

澤登 早苗（さわのぼり　さなえ）

恵泉女学園大学人間社会学部教授。文科省奨学生として NZ マッセイ大学大学院留学、1983 年同ディプロマコース修了。東京農工大学大学院連合農学研究科修了、農学博士。日本有機農業学会前会長。専門は園芸学、食農教育論。94 年から恵泉女学園大学で「生活園芸」を担当。持続可能な社会を構築するために国内外で有機農業の推進に情熱を注ぐ一方、2003 年から南青山の子育て支援施設「あい・ぽーと」で有機菜園教室を開催。食・農・環境をつなぐ有機園芸プログラムの開発を通して、そこには人が生きていくうえで必要なものがすべて含まれていると提唱し、実践的な教育により実証している。著書に『教育農場の四季』など。

上村 英明（うえむら　ひであき）
恵泉女学園大学教授、同大平和文化研究所所長。1981年早稲田大学経済学研究科修士課程修了。1982年人権NGO市民外交センターを設立、代表。専門は、平和学、国際人権法。代表を務める市民外交センターは1999年国連で特別協議資格を取得。先住民族・マイノリティの支援活動に取り組む一方、近代日本と脱植民地化の再検証問題に取り組む。著書『新・先住民族の「近代史」－植民地主義と新自由主義の起源を問う』、論文に「日本における脱植民地化の論理と平和学」など多数。

武川恵子（たけかわ　けいこ）
東京大学教養学部卒業、米国デューク大学経営大学院修了。1981年総理府（現内閣府）入府。男女共同参画室（当時）の設置からかかわる。1995年国連第4回世界女性会議（中国・北京）に日本政府代表団として参加。大臣官房審議官（共生社会政策担当兼大臣官房担当・男女共同参画局担当)、大臣官房政府広報室長などを経て、2014～2018年まで男女共同参画局長を務めた。「202030」運動を第一線で牽引するなど、女性の社会進出・活躍を応援している。

内海 房子（うつみ　ふさこ）
国立女性教育会館（Nasional Women's Education Center; NWEC）理事長。津田塾大学数学科卒業後、1971年NECに入社。ソフトウェア開発にかかわり、技術課長を経て人事部に異動、人事・人材育成を担当後、ソフトウェア教育部長等を歴任。2005年NECラーニング（株）社長に就任。2011年7月より現職。

恵泉女学園大学の紹介

創立者
河井 道（1877-1953）

1912年
（35歳）
日本YWCA設立に関わり、日本人初の総幹事に就任。全国組織へと発展。

1929年
（52歳）
―恵泉女学園 開学―

▲自叙伝
My Lantern（1939年）

1941年
（64歳）
平和使節団の唯一の女性代表に選ばれ、平和の使者として、再度アメリカへ。2カ月にわたり協議を重ねる。

1949年
（72歳）
教育刷新委員に任命され、教育基本法の成文化や短期大学の設置に貢献。この年、「短期大学設置基準」が公布される。

1953年
（享年75歳）
一色ゆりらに看とられつつ、静かに息を引き取る。

▼第２回卒業式

大正元年 1912年
第一次世界大戦 1914年
昭和元年 1926年

第1回卒業式以来受け継がれてきたランターン（学燈）

第二次世界大戦 1939年
終戦 1945年

組織にまで発展しました。総幹事を辞任後、河井はそれまで長い間温めていた夢―「キリスト教主義の女学校設立」を実現させます。新渡戸はこの設立計画に当初真っ向から反対します。当時、世界経済は大恐慌を迎えており教育事業に乗り出すことはとても困難なことでした。しかし、一色ゆりをはじめ女子英学塾での教え子や日本YWCA時代の友人たちが募金活動で河井を献身的に支えます。こうして恵泉女学園は、生徒9人、教師12人でスタート。全身全霊をかけた指導は評判となり、設立10年目には約400人の在学生を抱えるほどになりました。

創立当時の園芸の授業風景

教育刷新委員として
教育基本法の制定に携わる

ときは1941年、日米間に不穏な空気が漂うなか、日本基督教連盟平和使節団が結成され、河井は唯一の女性代表として小崎道雄、賀川豊彦らとともに渡米。平和使節団は、両国間の友情を保ち続け、わき起ころうとしている戦争を止めるためのクリスチャンによる方策を練りました。河井は深い友情と絆を改めて感じ、平和の祈りをともに捧げます。1946年、アメリカから27名の教育使節団が来日した際には、日本側の委員の一人として、協議を重ねました。河井は引き続き教育刷新委員に任命され、「教育基本法」の制定（1947年）に携わるほか、大学設置審議会委員として短期大学の設置に貢献。より多くの女子が高等教育を受けられる2年制の短期大学の必要性を強く唱えました。河井の主張は実を結び、1949年に「短期大学設置基準」が制定されました。

河井 道の平和への思いは
今も「恵泉のこころ」に

恵泉女学園の教育理念は「神を畏れ　人を愛し　いのちを育む」。民族や性別を超えた普遍的な愛を教育の基本とし、平和に貢献できる人材の育成を教育の目的としています。世界を舞台に活躍した河井は、自身の体験から「聖書」の教えを基にした宗教教育のほか、世界に開かれた広い視野を養う「国際」や、自然を慈しむこころを育む「園芸」の授業をカリキュラムに取り入れました。河井の平和への思いが込められた、この「3つの礎」は、恵泉女学園を特徴づける教育の基本として今もなお脈々と受け継がれています。

Keisen Story

女性の自立と世界の平和をめざして

恵泉女学園 創立者 河井 道

本学の教育方針は「生涯就業力」を磨き、自立した女性を育てること。
これは、創立者である河井 道の信念と、それを実践した生き方に深い関わりがあります。
女性の自立と世界の平和を強く願い、激動の明治・大正・昭和の時代を生き抜いたその半生を紹介しましょう。

河井 道の歴史

1877年（誕生）
三重県・伊勢生まれ。代々伊勢神宮の神官を務める河井家に生まれる。

1886年（9歳頃）
明治維新で職を失った一家は、北海道開拓に再起を求め、函館に移住。キリスト教と出会う。

1891年（14歳）
当時、札幌農学校（現 北海道大学）教授のかたわら、スミス女学校で出張講義を行っていた新渡戸稲造から教えを受ける。

1898年（21歳）
新渡戸稲造の強い推薦により、アメリカ留学へ。

1900年（23歳）
アメリカ・フィラデルフィア州のブリンマー大学に合格。全寮制でキリスト教に根ざしたリベラルアーツ教育を受ける。

1904年（27歳）
帰国。東京の女子英学
（現 津田塾大学）によ
れ、英語や歴史など
鞭をとる。

日本の歴史

明治維新
1868年

創立当時の礼拝

キリスト教の精神に立ち
日本の女子教育に大きな功績を残した、河井 道の軌跡

河井 道（1904年）
ブリンマー大学卒業後、女子英学塾（現津田塾大学）や東京女子高等師範学校などで教鞭をとる。

豊かな人間性が育まれた北海道での子ども時代

キリスト教との出会いは8歳頃。10歳のとき親元を離れ、宣教師サラ・スミスとともに札幌に行き、スミス女学校の生徒になります。学校には、なでしこなど色とりどりの草花が植えられていました。こうして河井は園芸の楽しさに触れ、花には人の心を和ませ感動を与える力があることを知ります。河井の自然に対する慈しみのこころは、花と緑にあふれるキャンパスや園芸教育など現在も恵泉のあらゆるところに根付いています。

活発な学生、生活に根ざした信仰、いたわりの精神に触れたアメリカ留学

河井がスミス女学校在学中、生涯の恩師となる新渡戸稲造と出会います。新渡戸は河井に強くアメリカ留学を勧めた人物。河井は留学生活を通して学問以上のことを学びます。活発な意見が飛び交う授業スタイル、人びとの心の広さ、信仰に基づく生活、協力の精神、他者へのいたわり、奉仕活動……。どの体験も恵泉の教育理念や学校運営に反映されます。

日本YWCAにおける日本人初の総幹事に就任。世界平和を願い、学園の設立へ

27歳で帰国した河井は、女子英学塾（現津田塾大学）で教鞭をとるかたわら、日本YWCA（キリスト教女子青年会）の設立に参加。20数年間にわたり国際的な女性リーダーの一人として平和維持のために世界を駆け巡り、1912年からは日本人初の総幹事を務めました。この間、日本YWCAは全国

学びの基礎をつくる

❷ 恵泉の教養

生涯就業力に導く、段階的かつ体系的なプログラム

恵泉の教育体系は、「生涯就業力」を養い磨くことを目的に、社会に出てからも主体的に学び続ける意欲と能力を、4年をかけて段階的に身につけていけるよう構成されています。

	3年次		4年次	
	春学期	秋学期	春学期	秋学期
学年担任制／アドバイザー制度	学生が自律学修力を養い、自分の将来について考えるサポートをするアドバイザー制 同一の教員が4年間継続して受けもちます 学科2コース＋多文化オープンコース3コースの5コースのなかで1コースに所属			
ゼミ	【春ゼミ】 学科コース演習または多文化オープンコース演習	【秋ゼミ】	【春ゼミ】 卒業演習	【秋ゼミ】 卒業演習／卒業課題
	原則継続指導			
イベント	自分の学びに合わせて実体験学習			成果発表
学びの進化	● 専門をもち、学びを深めます ● 卒業後の進路について検討を始めます	● 卒業課題に向けての準備を始めます ● 卒業後の進路について準備を始めます	● 卒業課題に取り組みます ● 卒業後の進路に向けた活動をします	● 卒業課題（卒業論文／卒業制作）を仕上げます
学びの目的	決定した自分の関心分野を中心に学びを深め、現代の社会や未来へのつながりを考えながら、卒業後の具体的な進路選択を決定します。			

	1年次		2年次	
	春学期	秋学期	春学期	秋学期
学年担任制／アドバイザー制度	学生が学年ごとに直面する共通の課題にきめ細かく対応する学年担任制 同一の教員グループが4年間継続して受けもちます			
	学科内ゼミ	全学オープンゼミ	所属学科のゼミと多文化オープンコースのゼミから選択	所属学科のゼミと多文化オープンコースのゼミから選択
ゼミ	【春ゼミ】 教養基礎演習 高校までと異なり、自分でテーマを見つけて、自分で考え、調べた結果を発表する場が演習＝ゼミです。春学期はレジュメの書き方や発表の仕方を学び、秋学期は全学科から演習を選択し、「フィールドトリップ」の実体験学習から、学びの幅を広げます。	【秋ゼミ】	【春ゼミ】 学科基礎演習 専門課程で学ぶための学問の基礎を学びつつ、秋学期からは、専門性を深める3年次以降のコース選択を決めていきます。	【秋ゼミ】
イベント	フェローシップ あらたな出会い	フィールドトリップ体験 （宿泊または日帰り）	1年 秋ゼミの成果発表	
学びの進化	● 大学での学び方を身につけます	● 大学でのライフデザインを描きます	● 専門分野とは何かを理解します	● 専門分野の広がりを理解します
学びの目的	恵泉の精神を知り、大学で学ぶために必要な基礎力と、卒業後の就職や進学にも必要な基礎力を身につけます。 また、主体的に学ぶための基礎となる知識を修得します。		専門分野とは何かということや、専門分野の広がりを理解し、自分が何を学ぶべきか考え、関心分野をとらえる力を養います。	

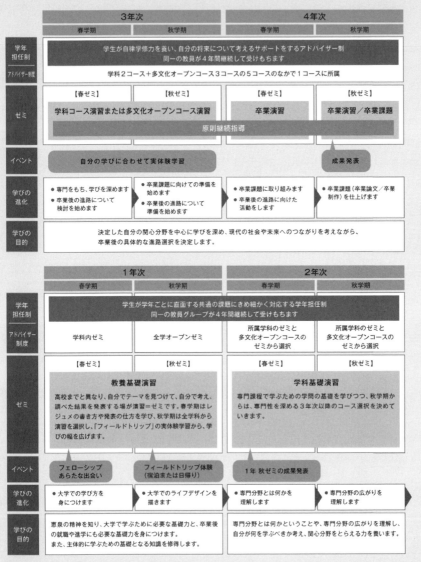

生涯の礎とすることを知る

❶恵泉の３つの礎《いしずえ》

学園創立当初から、他の学校では見られない「聖書」「国際」「園芸」を正課に取り入れてきた恵泉女学園。人間の基本的なあり方を学び、広い視野をもつ自立した女性の育成を願った創立者・河井 道の信念は、恵泉女学園の誕生から90年近くたった今日でも、脈々と受け継がれています。

〈教育理念〉

神を畏れ　人を愛し　いのちを育む

恵泉女学園は、キリスト教信仰に基づき、
神と人とに仕え、自然を慈しみ、世界にこころを開き、
平和の実現のために貢献できる女性を育成する。

聖書に耳を傾け
自分の生き方を知る

聖書

聖書に基づき、神を畏れ、
人を愛し、いのちを育む。
このキリスト教教育理念を
恵泉女学園の教育の基礎とする。

恵泉女学園は、プロテスタント・キリスト教主義の学校です。創立者の河井道は聖書が教える、民族、性別などを超えた普遍的な愛を、人づくりの基本としました。差別や偏見なく隣人を尊重する教育では、さまざまな人との出会いがあなたの世界を豊かにします。

PICKUP 必修科目

キリスト教学入門Ⅰ・Ⅱ

現代社会を理解するうえで欠かせないキリスト教について、基礎的な知識を学びます。キリスト教が成立した背景や歴史、その影響を受けた文化や国際関係などを学びながら、人間の本質や心理についても深く考えていきます。

援助だけではなく
共に生きる

国際

平和な社会を創り出していくために、
女性の貢献が重要であるとの自覚をもって、
さまざまな分野で国を越えて平和に
奉仕する女性を育成する。

偏見や先入観にしばられない、しなやかな知性を育てるため、海外へ出て、異文化と出会う機会を提供します。このような体験学習を通して、あなたが生きるこの時代に、世界への関心を高め、価値観や考え方の違いを超えた広い視野で、国際感覚と平和を愛するこころを育てます。

PICKUP 必修科目

平和研究入門Ⅰ・Ⅱ

世界に目を向けて異文化への理解を深めるとともに、多様な価値観を尊重するこころを養います。戦争や暴力、不公正や貧困の現実を直視して問題の本質を探り、実現可能な解決法を考え、平和な社会をめざす行動力を身につけます。

花や野菜を育て
いのちの力を体感する

園芸

額に汗して土に親しみ、
植物を育て、いのちを慈しみ、
花のある生活を築いていく
女性を育成する。

恵泉の教育は、園芸を通して大地に根ざすいのちの営みに寄り添い、いのちを尊ぶ精神を養います。大地を耕し、有機栽培で野菜や花を育てる体験により、自然を慈しむこころを発見するでしょう。生活に根ざして環境を考えることで、いのちに満ちた自然の価値を深く理解します。

PICKUP 必修科目

生活園芸Ⅰ

キャンパスに隣接する教育農場で、除草剤や殺虫剤などの農薬や化学肥料を使わない有機栽培により、年間を通じて12種類の野菜と花を育てます。土に触れ、いのちを育む経験を通して、自然を慈しむこころやいのちの尊さ、喜びを分かち合うコミュニケーションを学びます。

梨花学堂の創立者
メリ F. スクラントン(Mary F. Scranton)女史

梨花女子大学校の紹介

梨花女子大学校は、韓国初の近代女性教育機関として、1886年に米国のメソジスト教会海外女性宣教会のスクラントン女史(1832~1908)によって、キリスト教精神と女性的価値を理念として設立された。スクラントン女史は、たった1名の学生から学校を始めて育て上げ、大韓帝国の高宗皇帝と明成皇后夫妻は、校名を梨花と命名して激励した。それ以来、梨花の130年以上の歴史は、数えきれないほど多くの韓国教育史上初という記録を成し遂げた挑戦と創造の歴史であった。スクラントン女史のソウル貞洞の自宅で始められた梨花学堂は、以後発展を重ねて、女性教育の不毛地帯において信念と挑戦によって女性教育の新しい歴史を

ソウル貞洞にある最初の梨花学堂の韓屋校舎

4か国語(ハングル、英語, 中国語、日本語)で行われた授業

打ち立てた。

また、スクラントン女史は、当時近代医療の手術を受けられなかった韓国の女性たちの現状を気の毒に思い、米国メソジスト教会の海外女性宣教会の支援を受けて、1887年にソウル貞洞に女性のための病院を建てた。男女七歳不同席（男女七歳にして席を同じくせず）とした内外法（面識のない男女が顔を合わせてはいけないと規制した法）が厳格だった当時の朝鮮社会の雰囲気を考慮して女性専用病院を建て、米国から女医を招いたのであった。高宗皇帝は、この病院に「保救女館」という名前を付けた。保救女館は韓国初の女性のための病院であ

韓国初の女性専用の病院「保救女館」（1887）

大学科　第1回卒業生（申麻實羅、李華淑、金愛息1914）

今日の梨花の風景

図書館の風景

梨花女子大学　本館

り、今日の梨花女子大学医療院の前進である。
１９１０年には大学科が設立されたが、１９２５年に日本植民地の時代、当局の圧力によって梨花女子専門学校に改編された。１９３５年には貞洞から現在の新村に移転した。解放以降の１９４６年、文教部の第1号総合大学として認可を受けた梨花は、韓国における女性教育を大学と大学院の水準まで高めて、高等教育を受ける女性を増加させ、女性の社会的地位向上に大きく貢献してきた。医療関係者養成のための医科大学（１９４５）、女性の地位と権利向上に寄与する法科大学（１９５０）を設立し、さらに世界で初めて女子大学に工科大学（１９９６）を創設し、女性工学専門家の養成にも寄与した。
梨花は、現在14分野の単科大学と14分野の大学院をもつ世界最大規模の女子大学として、約２２０００名の学生が在学し、毎年３５００余名の学士、２０００余名の修士、２００余名の博士を輩出している。また、専門家養成のための法学専門大学院、経営専門大学院などをはじめとする75の研究機関と附属病院、および6つの併設学校を設立している。
21世紀を迎え、梨花は挑戦の歴史を続けるために「未来を開拓する女性の知性」というビジョンを立てた。このビジョンは、学問の多様性、意思疎通と信頼が強調される国内外の環境の変化に対応しようとする本校の中・長期発展計画のもとに生まれたものである。同時に、明るい未来に向かって挑戦する、希望ある進取な姿を表現するスローガンである「Together.

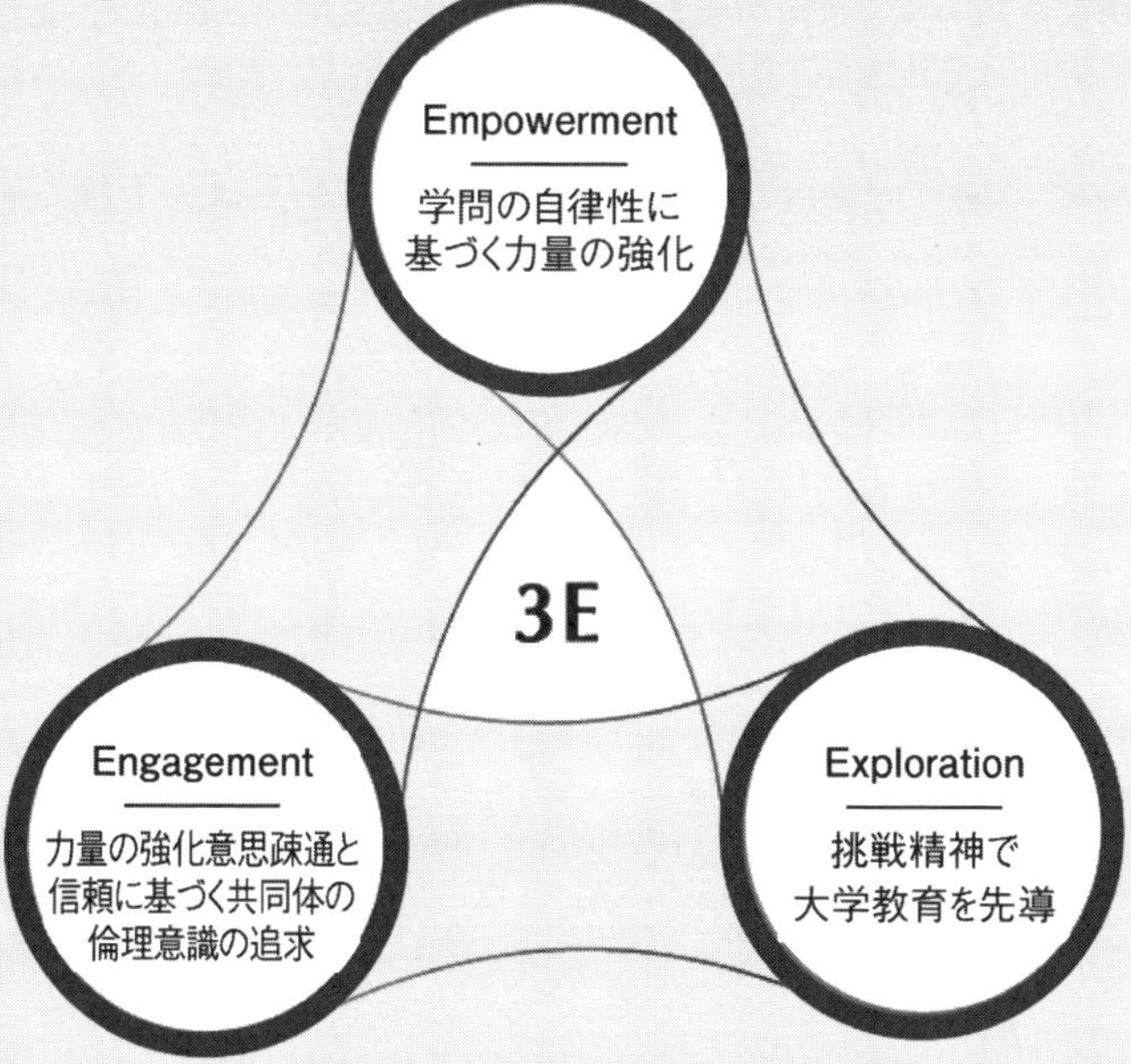

梨花の21世紀のビジョンと戦略

「Tomorrow. Ewha」を打ち出した。

新しいビジョンとスローガンは、学問の自律性を尊重して相互信頼を基に意思疎通をおこない、未来を開拓する創意ある女性の知性を育成しようとする意思を表現している。このような意思は核心戦略である3E(Empowerment, Engagement, Exploration)を通してもよくわかる。3Eの「E」は、EWHAの象徴でもある。

ビジョン達成のための重点推進課題としては、①融合・複合の力を培うための学士制度の柔軟化、②世界水準の研究成果の創出、③未来に備えるグローバルな梨花の教育・研究環境構築、④持続可能な大学教養体制の確立、⑤社会が信頼する梨花の価値向上、⑥構成員の自発的参与と意思疎通を重視するガバナンスの成立を選定した。

たった1名の女子学生から始まった梨花。今や梨花は新しいビジョンのもと、学問の自律性を尊重し、相互信頼に基づいて意思疎通をおこない、未来を開拓する創意ある女性の知性を育成する大学として絶え間なく挑戦し続けている。

恵泉×梨花＝日韓・女子大学の新たな挑戦

2018年10月20日　初版発行

編　者：恵泉女学園大学学長　大日向雅美
　　　　梨花女子大学校総長　金恵淑

装　丁：鈴木美里

発行者：羽田ゆみ子

発行所：梨の木舎
〒101－0061
東京都千代田区神田三崎町2－2－12 エコービル1階
Tel. 03-6256-9517
Fax. 03-6256-9518
e メール　info@nashinoki-sha.com
http://www.nashinoki-sha.com

ＤＴＰ：具羅夢

印刷所：株式会社 厚徳社